W0369735

La edad del pavo

temas de hoy

Alejandra Vallejo-Nágera

La edad del pavo

Cómo vivir con un adolescente y salir indemne

temas de hoy. VIVIR MEJOR

Primera edición en esta presentación: marzo de 2006
Segunda impresión: abril de 2006
Tercera impresión: mayo de 2007
Cuarta impresión: marzo de 2008

El contenido de este libro no podrá ser reproducido,
ni total ni parcialmente, sin el previo permiso escrito del editor.
Todos los derechos reservados.

Colección: VIVIR MEJOR
© Alejandra Vallejo-Nágera Zóbel, 1997
© Ediciones Temas de Hoy, S.A. (T.H), 1997, 1999
Paseo de Recoletos, 4. 28001 Madrid
www.temasdehoy.es
ISBN: 978-84-8460-521-8
Depósito legal: B. 13.421-2008
Compuesto en J.A. Diseño Editorial, S.L.
Impreso en Book Print Digital, S.A.
Printed in Spain-Impreso en España

Ediciones anteriores en otras presentaciones:
Primera edición: marzo de 1997
Trigésima primera impresión: mayo de 2005

ÍNDICE

A todas las madres que comparten conmigo el título de «la madre más horrible de España».

PRIMERA PARTE
Vivir con un adolescente

I. ¡Auxilio, un adolescente!

—Rosana, ¿qué hacen todas estas latas en el salón? Anda, guapa, llévalas a la cocina y tíralas a la basura, por favor.

Silencio.

—¡Rosanaaaa! ¡Que te levantes del sofá y lleves las latas a la cocina!

—¿Yooo? ¿Por qué siempre yo? ¡No son mías!

—No me importa de quién son. Recoge esas latas mientras yo paso la aspiradora, ¿eh?

—Pues no limpies la alfombra de la porra y quita tú las malditas latas. ¡Qué pesada eres!

—Mira Rosana, que estás buscando bronca...

—¡Tú has empezado primero! ¡Eres la madre más horrible de toda España! ¡Me amargas la vida!...

Rosana tiene 15 años y, como el lector habrá notado, por el tono levantisco que utiliza, la pobre está en plena edad del pavo. Su agria locuacidad no tiene nada de particular, mientras no se compare con la forma en que nosotros hablábamos con nuestros progenitores cuando teníamos su edad. En aquella época *jamás* contestábamos mal, no osábamos mostrar chulería ni contumancia alguna a nuestros padres, porque inmediatamente nos daban una bofetada. Hoy la agresión física a un menor constituye una falta grave y, aunque todavía quedan padres que no son capaces de reprimir la mano larga, hay sobradas pruebas de que la tensión no se resuelve pegando a un hijo. El ataque físico a un menor sólo le enseña que puede obtener lo que quiere si utiliza la brutalidad y quien pega a un adolescente únicamente consigue acentuar la rebeldía y los problemas. Muchos padres lo saben y, por desgracia para ellos, los hijos también.

—No vuelvas a hablarme así, ¿me oyes? ¿Cuándo vas a tenerme un poco de respeto? ¡¡¡Soy tu madre!!!, ¿sabes?

Mientras tanto, Rosana pone los ojos en blanco...

—¡Y no pongas los ojos en blanco! ¿Acaso quieres un sopapo?

—¡Eso, venga, pégame si te atreves!

Con la desaparición de la bofetada se ha esfumado una de las armas más rápidas para someter a hijos insurrectos. Al desconocer tan drástico medio de disciplina, los chicos y chicas modernos se portan de otra manera. Tienen más libertad para hacer lo que les apetece, decir lo que les viene en gana, manifestar sus *derechos*, imponer su voluntad. Y este abanico de expresiones se practica con especial intensidad en casa, lo cual provoca que la relación hogar-adolescente sea más incómoda que antaño.

En la actualidad los padres consentimos este comportamiento. Algunos intentamos manifestar que en nuestra casa no todo es válido y que no todo está permitido, pero, aun así, les repetimos constantemente la frase «Pase lo que pase, siempre estaré de tu parte» y con ello regalamos la posibilidad de la libre expresión. Lo único que hacen nuestras criaturas es aceptar tan magnánima ofrenda. Eso es todo.

—Pues ya no quiero ser la amiga de mi hija. Sólo quiero que me respete.

BUENAS NOTICIAS: NO TODOS LOS ADOLESCENTES SON MEDIO SALVAJES

Las historias de terror que se escuchan por ahí sobre los adolescentes no son ciertas. Al menos no del todo.

Siempre se ha dicho que la adolescencia es una etapa de tránsito complicada, en la que el ser humano deja de ser niño y aprende a comportarse como un adulto único, autónomo, independiente, responsable y válido. Y desde tiempos remotos hemos supuesto que ese viaje en cuestión es el más difícil de todos cuantos ha de emprender una persona. No parece fácil dejar el abrigo y la protección incondicional de los padres para lanzarse al abismo del mundo exterior en el que nadie nos conoce, nos protege ni perdona.

Psicólogos, educadores y científicos han difundido mucha teoría sobre la adolescencia, pero ésta casi siempre se fundamenta en el estudio de jóvenes drogadictos, delincuentes o problemáticos. Con semejante información, el panorama no podía ser más desolador.

Afortunadamente, a principios de los años ochenta una nueva ola de investigadores decidió estudiar el mundo de la adolescencia preguntando a chicos y chicas qué y cómo pensaban, de qué modo percibían su estilo de vida, cuáles eran sus expectativas, por qué se portaban así, y de qué manera respondían a distintos tipos de padres. Estudiaron tanto a jóvenes con problemas como a otros sin ningún tipo de conflictos existenciales. El resultado de tal investigación [1] proporcionó, al fin, un soplo de esperanza en el ánimo de quienes conviven con adolescentes. Sus conclusiones fueron:

[1] Véase D. Offer, E. Ostrov y K. Howard, *The Adolescent: A Psychological Self-Portrait*, Basic Books, Nueva York, 1981.

1. Adolescencia *no* es sinónimo de indecencia.
2. El grupo de amigos *no* tiene por qué ser perjudicial.
3. Los padres influyen *siempre*; también en los adolescentes.
4. Los adolescentes *necesitan* reglas.

Adolescencia no es sinónimo de indecencia

Todas las etapas de desarrollo en el ser humano son difíciles. Algunas personas sufren desajustes durante la infancia, pero transitan por la juventud con cierto sosiego. Hay niños muy felices que después son púberes fáciles y adultos imposibles, o también criaturas rebeldes que siguen siéndolo en la adolescencia. Algunos jóvenes son problemáticos por naturaleza y otros caen en alguna trampa inesperada que termina degenerando en algo grave. En definitiva, el género humano es pródigo en matices.

> —Pues mi Javi era un niño modelo. No hacía más que entrar por la puerta y ya me estaba contando un millón de cosas. A veces, hasta me ponía la cabeza loca con tanta charla. Ahora ha cambiado. Dice que me odia, me llama coñazo, y sólo se digna hablarme cuando quiere dinero, y aun así no lo pide por favor ni nada que se le parezca.

> —¡Cómo ha cambiado Eloísa! No es ni la sombra de lo que era. Era... era de llamar la atención por la calle, siempre tan sonriente, dándome besos a todas horas, preguntando si podía pasar la fregona y recoger el lavaplatos. Ahora parece un gato a punto de atacar. Siempre de uñas. Cuando le hablo no contesta. Simplemente, no contesta en absoluto. Se ha vuelto sorda como una tapia.

Por lo que respecta a la adolescencia, nueve de cada diez jóvenes viajan por esta etapa sin drogas, delincuencia, sexo irresponsable y salvajismo frente a los valores de los padres. [2] El buen niño no se convierte en un vándalo desaprensivo cuando se hace adolescente. La buena niña será probablemente una buena chica... Un poco distinta a como era de pequeña, algo menos obediente y pendiente de la madre, pero una buena chica al fin y al cabo.

El grupo de amigos *no* tiene por qué ser perjudicial

Cuando una persona entra en la adolescencia, el grupo de amigos adquiere una importancia mucho mayor de la que tenía durante la infancia. Durante más de diez años los niños han estado descubriendo cómo son los padres y lo que pueden esperar de la vida en el hogar. Ahora les toca embarcarse en una nueva aventura: averiguar qué sucede fuera de casa. Es absolutamente necesario saberlo para lograr madurez y preparación adulta. El problema es que el chico y la chica aún carecen de experiencia para caminar con total independencia. Necesitan el apoyo de alguien. Saben que cuentan con la ayuda de los padres, pero esto no basta. Los padres no pertenecen al mundo de «fuera».

> —¿Cómo le voy a pedir a mi jefe que me enseñe a ser un *hacker*? No tiene *ni idea*. Ni siquiera fue capaz de piratearme el «X Wing» que me prestó Miki Ferrer. Casi rompe el ordenador, y además se agarró un cabreo bestial y empezó a gritar que yo iba a tener que comprar un ordenador nuevo con mi paga y no sé qué rollos más. Prefiero pedírselo a un tío flipón que conoce Moleño. Es casi un *hacker* profesional. Es la pomada, tiene catorce años y es un tío demasiao.

[2] L. Steinberg y A. Levine, *You and Your Adolescent. A Parent's Guide for Ages 10-20*, Harper Collins, Nueva York, 1987, pág. 2.

Los amigos son el bastón más seguro para afrontar los obstáculos exteriores y para alcanzar metas. A los adolescentes les importa *mucho* lo que piensan sus camaradas, *quieren* tener una pandilla, se *dejan* guiar por el patrón de conducta de la peña e imitan con pasión la moda y modales que su cuadrilla exhibe.

—Mamá, no te enfades, ¿eh?, no te pongas a chillar, ¿vale?

—¿Qué ocurre ahora Tania?

—Necesito unas botas[3]* nuevas.

—No, Tania, ni hablar. Ya te he comprado botas y sólo te las has puesto una vez.

—Pero, ¡¡¡mamá!!!, esas botas son una cutrez. Las Pan Jerck son una mierda. Todo el mundo lo dice. No pienso volver a salir en Pan Jerck. Me aprietan un montón. Son de monja. Todo el mundo usa Doc. Martens*. Las necesito.

A pesar de que la presión del grupo es muy importante, su fuerza no tiene por qué ser devastadora ni aniquila de un manotazo la personalidad del joven. Los chicos y las chicas son tan diferentes entre sí como los adultos. Algunos consideran que lo *guay* es tener una pandilla de amigos fanáticos del fútbol; otros quieren mezclarse con entendidos en ordenadores, en discotecas, en motos, en drogas... Quizás el influjo del grupo perjudique o, por el contrario, sea enormemente beneficioso. Es poco frecuente que un adolescente con unas determinadas características de personalidad caiga en un grupo de gente que no tenga nada que ver con él. En general, los chicos y las chicas se

[3] A partir de ahora, con el fin de que el lector reúna la mayor información posible sobre el lenguaje y los objetos comunes del adolescente, se señalarán con asterisco aquellos términos que aparecen en el «Diccionario» de este libro.

sienten más cómodos entre amigos con intereses comunes, cuyas familias tienen ideas, valores y actitudes parecidas a las de ellos mismos.

Los jóvenes que acaban formando parte de un grupo pernicioso (delincuentes, sectas, etc.) suelen arrastrar desde tiempo atrás un carácter débil o vulnerable. Por suerte, es un pequeño porcentaje, aunque hay que tener cuidado para que no aumente. En este sentido los padres desempeñan un papel fundamental en la prevención o la solución del problema.

Los padres influyen *siempre*; también en los adolescentes

Durante la infancia obtenemos estímulo y seguridad en los cuidados que nos prodigan nuestros padres. Las posibilidades son muchas, y el niño puede recibir ternura o agresividad, paciencia o impaciencia, condescendencia o rigidez, etc. Las reacciones de los padres nos van incrustando un barómetro interno que pronostica si somos dignos de elogios o denuestos. Son, en definitiva, la plataforma sobre la que se desarrolla nuestra estabilidad emocional.

Al irrumpir en la adolescencia, la influencia de los progenitores está ya muy anclada en la personalidad y continuará siendo pujante, sin tregua, hasta la muerte. Su actitud y carácter *es* parte de nuestra persona, de lo que somos y cómo sentimos.

> —Oye, Cuca, resulta que mi chico está loco por una tal Juli González. ¿Tú sabes quién es?
>
> —Puedes estar tranquila. Conozco a su madre.

Las raíces de la conciencia adulta, independiente, madura, se alimentan de la voz de nuestros padres. El adolescente oye esa voz y la interioriza. Lo hace con desgana, fastidio y protestas, pero se le graba en la mente. Esa voz se convierte en «su conciencia». A medida que pasa el tiempo la amolda, la adapta y al final la hace particular y privada. Pero, ¡qué casualidad!, en lo esencial se parece bastante a la que tenían sus padres.

Para la mayoría de los jóvenes la metamorfosis de la voz paterna en conciencia propia suele ocasionar frustración y conflicto. La odian. Les gustaría asesinarla, estrangularla, hacer que desapareciera. Todo esfuerzo es inútil. Ya forma parte de ellos para siempre, sin remedio. Y saldrá a la luz en el futuro, cuando el joven sea adulto y quizá padre de familia.

> —Pedro, no sales hasta que hayas terminado los deberes.
>
> —Es que me están esperando para el partido de fútbol. Tengo que ir, te lo juro.
>
> —Yo, a tu edad, también tenía partidos de fútbol que me divertían mucho, pero mi padre no me dejaba salir hasta que había hecho los deberes.
>
> —Pues, si me obligas a quedarme en casa, no pienso hacer los deberes, para que te enteres.

Los adolescentes *necesitan* reglas

Uno de los desafíos más importantes para los padres de hoy es el de ser inmunes a las puñaladas verbales de sus criaturas, por ejemplo, a expresiones como «Te odio». Tamaña proeza implica comprender que, a pesar de los gritos y amenazas: «Me voy a largar de esta casa», «Estoy hasta las narices de que me estéis fastidiando siempre», los jóvenes no son más que personas que no saben dónde están ni a dónde van. Lo único que saben es que tienen que llegar a alguna parte. Por primera vez en su vida deben hacerlo solos, sin ayuda de nadie. Y eso duele. Tanto duele, que aunque piden libertad a gritos, casi ninguno la desea totalmente. El control de los padres se califica de molesto, de ser el mayor de los suplicios —«Juro que prefiero vivir en la calle antes que en esta casa»—. Pero cuando los padres se desentienden, dejan a los chicos en un estado de gran ansiedad. Necesitan sentir que, pese a todo, sus padres están *ahí*, pendientes de lo que pase y por si acaso.

¡Rrriinnngg!

—Papá, soy yo, Rosi, ¿me oyes? ¿Te he despertado?

—Ummm, Rosi, ¿qué ocurre? Es la una y media de la madrugada. ¿No te quedabas a dormir en casa de Sonia? ¿Qué pasa? ¿Por qué hay tanto ruido? ¿Por qué hablas tan bajo? ¡Casi no te oigo!

—Papá, mira, es que como siempre me dices que llame si pasa algo...

—Sí, claro Rosi, ¿qué pasa? Dime, me estás asustando.

—Es que los padres de Sonia no están y hemos organizado una fiesta. Pero papá, la gente está intercambiando pastis. Sonia está borracha, vomitando en el baño, y ya no me quiero quedar aquí, ¿comprendes? Así que voy a decir que me has castigado porque no he hecho los deberes y que estás furioso y que me vienes a buscar ahora mismo, ¿vale papá?, ¿de acuerdo?

—Bueno, Rosi, sí... claro... ahora voy... espera que me quite el pijama.

—No, papá, ven ahora. Ven en pijama. Te espero en el portal.

Sin duda alguna, cuanta más libertad sin control tiene un joven mayor es su sentimiento de abandono. Todos ellos, sin excepción, necesitan saber que todavía son importantes para los padres.

—Josele Romero suspende todas y nunca le dicen nada. No vuelve a casa a dormir, el tío. Quita las chapas de las botellas con los dientes. Ya se le han roto dos. Todo el mundo dice que está majara.

Cómo establecer normas

La mayoría de los adolescentes necesita hacer un colosal esfuerzo para reconocerlo públicamente, pero en el fondo saben que algunas reglas y límites rayan en lo sensato: «No... si ¡tienen razón!, ya lo sé...», dicen así por lo bajinis, tras lo cual, y para que su dignidad no decaiga, añaden: «... pero es que ¡me cargan!»

Lo que les revuelve las vísceras no es tanto el límite en sí como la imposición del mismo a la fuerza: «Soy tu padre, y aquí mando yo.» Ante tal edicto, el deseo de autonomía que todo adolescente lleva consigo actúa de resorte. Se le eriza el pelo y comienza a emerger espuma por la boca. Caben entonces dos posibilidades: o ataca con inusitado frenesí, o se escapa (hace lo que quiere a escondidas). «Paso del jefe, tío, es un palizas que te cagas.»

Semejante insubordinación hace que los padres también actúen de dos formas: o lo dejan por imposible y ceden —«Haz lo que te dé la gana. Allá tú si te mueres / suspendes / te violan / tienes una lesión cerebral...»—, o encierran a la fiera bajo siete llaves —«Y no sales hasta que yo lo ordene».

Ninguna de estas alternativas es conveniente. ¿Qué hacer?

Una buena medida es no olvidar que el chico o la chica está creciendo y tiene derecho a participar en todo lo que atañe a *su* vida. Es lógico que diga algo al respecto: «¡Es una injusticia! ¡Siempre me estáis fastidiando...!», sin que importe lo estúpido del argumento. Los padres no tienen por qué doblegarse ante el espumarajo venenoso, pero pueden admitir que la criatura necesita echarlo fuera.

También conviene tener en cuenta que no todas las reglas son iguales. Algunas han de mantenerse firmes e inamovibles. Se distinguen fácilmente, porque afectan a los siguientes aspectos:

— La *seguridad física o emocional* del adolescente: «No te subas en un coche con un desconocido.»

— Los *valores y las creencias familiares*: «No puedes organizar una fiesta en casa cuando estemos ausentes.» «No tolero que me hayas quitado dinero.» «Ni se te ocurra dormir con tu novio en casa»...

El límite en estos casos ha de quedar perfectamente claro, y padre y madre han de coincidir en su determinación. El adolescente no tiene posibilidad de discutir sobre la justicia o injusticia del mismo ni debe sobrepasarlo; si lo hace, ha de ser responsable y atenerse a las consecuencias. Aun así, siempre es mejor que las reglas se expongan de forma más razonada que impositiva y tener en cuenta la edad y la madurez del joven. Los chicos y las chicas pueden protestar, pero suelen respetar este tipo de normas, sobre todo porque saben o intuyen que no hacerlo podría terminar siendo peligroso. Otras reglas, en cambio, admiten concesiones.

- Las *obligaciones en el hogar*: «En este cuarto hay más ropa en el suelo que en el armario.»
- La *vestimenta* y el *aseo*: «Querida, ¿es que ya no venden pantalones sin agujeros?»
- El tiempo que se dedica a hacer los *deberes*: «Hazlos ahora mismo... además con buena cara, ¿eh?»

• Las *visitas a los parientes*: «Hoy cenamos en casa de los abuelos, ¡y no se te ocurra decir que tienes una fiesta donde estará el hombre de tu vida! Ya no cuela, guapa.»

• El tiempo que se «pierde» al *teléfono*: «Me parece que no has entendido bien las instrucciones. Yo te he dicho que *puedes* usar el teléfono, no que *debes* hacerlo.»

• La *hora de llegada* tras una fiesta: «Si tu padre ha dicho a las doce, yo te digo a las once.»

Estas reglas son más o menos negociables. No atentan contra la vida o precipitan la muerte. Sin embargo, y justo porque los jóvenes pueden negociar, son las más conflictivas. La mayoría no se atreve a contravenir por completo las órdenes, pero casi todos se permiten cierto margen de riesgo.

> —Carlos, son las doce de la noche y sabes muy bien que no puedes llegar más tarde de las once y media. Te has pasado, Carlos. No creas que siempre te vas a salir con la tuya, porque si te marco una hora es para que la cumplas, ¿entiendes?
>
> —Es que... había atasco / el metro iba llenísimo / el autobús ha tardado un montón / nadie se había ido todavía / la película dura tres horas y media, etc., etc.

En la siguiente oportunidad es probable que Carlos vuelva a llegar treinta minutos tarde, pero no regresa a las tres de la madrugada, cosa que haría si no tuviera hora límite.

II. ¿Cuándo empieza esta tortura? ¿Hasta cuándo tendremos que sufrirla?

El torbellino existencial que aporta la adolescencia comienza a imponer su dominio entre los 10 y los 12 años, aunque no es una franja de edad universal. No se trata de una línea divisoria *exacta*. Hay jóvenes que evolucionan más tarde que otros y los hay que no maduran nunca o que son viejos prematuros.

CUADRO 1

FASES DE LA ADOLESCENCIA

Preadolescencia: 9-10 años*.
Adolescencia:

— Pubertad: Cambio físico y temperamental (11-12 años)*.
— Media: Aislamiento/Importancia del grupo (13-15 años)*.
— Tardía: Inicio del final (15-18 años)*.

Postadolescencia: 18-22 años*.
Edad adulta: 22 años en adelante.

* Edades aproximadas.

PREADOLESCENCIA

A partir de los 9 años aproximadamente el niño da señales de que está dejando de serlo. Mantiene un buen equilibrio individual y familiar; sus amigos suelen ser del mismo sexo y comienza a tener ideas propias acerca del vestido y el aseo.

ADOLESCENCIA PUBERAL

La *pubertad* coincide con un *cambio físico notable*. No todo el cuerpo crece al mismo tiempo, por lo que durante un tiempo el púber presenta un aspecto fuera de toda proporción: las manos y los pies se desarrollan antes que los brazos y las piernas, y éstos antes que el tronco.

La falta de información sobre los cambios que se producen en el cuerpo ocasiona una fuerte dosis de angustia. Los padres deben explicar a sus hijos cómo es la transformación corporal antes de que se produzca, para que el púber sepa lo que puede esperar de la misma. Sin embargo, los padres informan mejor a las chicas sobre *asuntos de mujeres* que a los chicos sobre erecciones y poluciones nocturnas, debido en gran parte a tres motivos:

1. Consideran que la aparición de la menstruación produce más angustia en la chica que las poluciones nocturnas en el chico.
2. La menstruación no se asocia directamente con las relaciones sexuales. Las preguntas de la niña sobre el tema están relacionadas con la repercusión física de la regla: «¿Duele?» «¿Y qué hago si me pilla en medio de un examen?» Sin embargo, una explicación sobre erecciones o eyaculación

nocturna provoca preguntas en torno al placer sexual, el coito, las fantasías eróticas, etc., que los padres quizás no quieran contestar.

3. La niña puede quedar embarazada desde el momento en que menstrúa. Aunque el chico es quien la deja embarazada, los padres no suelen considerar tan grave el riesgo como en el caso de la chica y por tanto el tema les parece menos urgente.

CUADRO 2

LO QUE MÁS PREOCUPA A LAS CHICAS DE 9-11 AÑOS SOBRE SU DESARROLLO SEXUAL

—¿Cuándo tendré el periodo? ¿Cuánta sangre voy a perder?
—¿Duele?
—¿Por qué huele tan mal?
—¿Cómo demonios se pone un tampón?
—¿Puedo nadar, saltar, jugar al tenis, montar en bici... si tengo la regla?
—¿Me puedo quedar embarazada antes de tenerla?
—¿Hasta qué edad voy a tenerla?

Para ampliar horizontes y saber más acerca del sexo propio o el contrario el chico suele hacer averiguaciones por su cuenta con ayuda de los amigos del colegio. Siempre aparece algún *experto* que sabe más que nadie, porque se ha atrevido a quitarle a alguien un *Playboy*, lo que desencadena el comienzo de la masturbación como algo prohibido, bien asociado a la revista pornográfica, o bien a la conversación secreta con los amigos.

CUADRO 3 LO QUE MÁS PREOCUPA A LOS CHICOS DE 10-12 AÑOS SOBRE SU DESARROLLO SEXUAL
—¿Qué es la eyaculación y cuándo empezaré a tener erecciones? —¿Es malo masturbarse? —¿Es peligroso tener erecciones sin eyacular? —¿Tengo el pene normal? —¿Son habituales las poluciones nocturnas?

Las preguntas que los púberes (chicos y chicas) hacen a sus padres atañen, sobre todo, al cambio físico incipiente, a lo que está fuera de su control y que es inevitable. No se relacionan abiertamente con el *intercambio sexual.* Casi ningún adolescente se atreve a hablar con sus progenitores de sexo ni de relaciones sexuales. [1]

El comportamiento durante la pubertad

El joven se muestra irritable con los padres y los hermanos. Critica y forcejea con las reglas y las normas de convivencia. Comienza a dar signos de autonomía con deseos de separarse de los padres, aunque el distanciamiento es más psicológico que físico. Todo ello sirve para que el joven descubra su identidad, en qué aspectos de la vida es fuerte y en cuáles débil, establezca las características de su sexualidad y sepa lo que puede esperar de la vida adulta. Esto explica que se encierre en su cuarto y en el baño durante horas.

[1] El lector podrá obtener más información sobre el tema en los capítulos VII y VIII.

Aunque huye de todo lo infantil, a veces no puede evitar comportarse como un crío. Por una parte, desea tener unos padres protectores a los que idealiza (como en la vida infantil); por otra, necesita alejarse de ellos y se zambulle en la influencia de amigos de su mismo sexo. Su interés se centra en agradar, en sentirse admitido en un grupo, en tener un sitio en el que poder refugiarse fuera del hogar.

ADOLESCENCIA MEDIA. ETAPA DE AISLAMIENTO

A partir de los 13 años, el adolescente entra en un periodo de introspección e interacción con personas de su edad; en cambio, se aísla de los adultos que hasta ahora influían en su vida: padre, madre, abuelos, profesores, etc., e incluso se permite avergonzarse de ellos con frases del tipo «¿Papá, por qué tienes que sonarte la nariz de esa forma tan ridícula? ¿Te gusta hacer el idiota o qué?» o «¡Mamá! ¡No irás a ponerte "eso" con lo gorda que estás!»

Los padres ya no son dignos de admiración

El adolescente necesita comprobar que los adultos también tienen defectos. La introspección le produce angustia e inseguridad. Se mira a sí mismo, ve fallos por todas partes... Pero, de pronto, un día observa algo que le llena de esperanza: pilla a su padre bebiendo directamente de una botella: «¡Qué guarro!»; o pesca a su madre con un pantalón vetusto: «¡Qué hortera!»

Creía ser el único en cometer errores, pero ahora se da cuenta de que los padres pluscuamperfectos han dejado de serlo. Vigila con ojo de águila cualquier pequeño detalle que irradie imperfección. Un atisbo de error en los padres y ¡¡Zas!!, el aguijón de la crítica, la mofa o el escarnio ataca sin piedad. Le resulta muy tranquilizador comprobar que se puede permitir el lujo de tener defectos. Los adultos también los tienen y ahí están, tan contentos.

En esta etapa es frecuente que los adolescentes eviten salir de casa junto a sus padres por si les pilla algún amigo. El chico considera una tragedia que Zutano le sorprenda haciendo la compra en el supermercado junto a su madre. La chica avizora cada gesto del padre o de la madre cuando hay otras chicas presentes y no permite el más mínimo desmán:

> —¿Mi madre? A veces la mataría. ¿Sabes lo que hizo el otro día? ¡No te lo vas a creer! Cuando estaba con mis amigas en mi cuarto oyendo el Chupi Mix*, que es bestial, entró en la habitación sin llamar ni nada y ¡¡¡se puso a bailar con nosotras!!! ¡Me entró un ataque...!

Estrena cuerpo

El adolescente tiene sentimientos concretos en esta etapa acerca de la nueva forma que su cuerpo va adquiriendo y el estímulo sexual aparece con mucha fuerza.

Problemas que acarrea el desarrollo precoz

El desarrollo temprano acompleja a las chicas, el tardío a los chicos. A ellas les da vergüenza de ser las primeras en llevar sujetador y tener la regla. El crecimiento prematuro en los chicos, por el contrario, se considera un símbolo de virilidad y es objeto de admiración por parte de los demás.

Tanto los chicos como las chicas que se desarrollan de forma precoz parecen mayores y por este motivo quizás se les invite a que actúen de una manera inadecuada para su edad, lo cual genera un problema en la chica, porque suele no estar preparada psicológicamente para salir hasta altas horas de la noche, tener relaciones sexuales o llevar un tipo de vida que no corresponde a su edad.

Ante esta situación, la actuación de los padres puede ser de diversa índole:

1. Asumen que su hija llama la atención y que este hecho resulta inevitable. No prohíben las salidas con chicos mayores, pero las aderezan con consejos que pretenden aliviar el posible peligro: «Si intenta algo raro, llámame inmediatamente por teléfono» o «Si no lo entiende bien cuando le digas que *No*, intenta explicárselo con una torta».
2. Deciden controlar todo lo que hace dentro y fuera de casa: «Que se olvide de salir después de la cena hasta que tenga 17 años»; «Cuando salga, estaré perfectamente informado de dónde está y con quién está. Pienso ir a comprobarlo apareciendo por sorpresa».

Además de las salidas, los padres controlan que el maquillaje, la ropa y el estilo de peinado estén acordes con los años que tiene la chica y no con su apariencia física. Esta técnica de supervisión es más eficaz que la anterior, aunque en la actualidad las adolescentes recurren a infinidad de trucos para hacer lo que les da la gana sin que sus padres se enteren. Ningún padre está a salvo de que su hija adolescente se escape en medio de la noche para reunirse con un chico.

Aparece el íntimo amigo

Al principio de la etapa de aislamiento, el joven adquiere seguridad respecto a lo de *fuera* de la mano de un *íntimo amigo* del mismo sexo. La relación con alguien del mismo sexo permite reforzar la identidad sexual. El vínculo es meramente afectivo y no genital; sólo si no evoluciona puede desencadenar un estancamiento homosexual posterior. En este periodo los chicos dicen que ellas son «estúpidas» y las chicas que ellos unos «bestias». Se trata de una primera, aunque insultante, aproximación. El joven tiene un amigo que le comprende mejor que su madre, a la que ve como posesiva —«¡Es una pesada, no deja de dar la vara!»—, y que su padre, a quien percibe como estricto y amenazador —«¡Se cree muy fuerte y que es la pomada! Cree que me puede mandar».

La chica tiene una amiga íntima con la que habla sin parar por teléfono, aunque acaben de verse. Con ella comparte su ansiedad por el mundo exterior y por las reacciones de los demás:

> Rriiiing.
>
> —Hola, Rosa, ¿sabes qué? He llamado a Clara y hemos estado dos horas, porque no sé cuántos le dijo a no sé quién, que a su vez se lo dijo al grupo de la otra clase, que Clara había dicho que Juli es una «cagada». Pero Clara no había dicho eso. Te lo juro. Luego tuvo que llamar a X para que le explicara a R que ella no era culpable, hasta que ya, por fin, consiguió hablar con Juli para aclararlo todo. Pero no ha debido aclarar nada, porque, cuando la he llamado, no quería ponerse al teléfono. ¡Fíjate!

Todo es cuestión de vida o muerte

En la adolescencia media todo adquiere un tono melodramático. El éxito con los estudios, los amigos y consigo mismo son cruciales para seguir viviendo. Como todavía no tiene experiencia en la vida, tiende a percibir acontecimientos con carácter inmediato. Carece por completo de perspectiva a largo plazo, lo que le hace vivir con intensidad una serie de problemas que interpreta como graves y definitivos:

— Ser el último en afeitarse.
— Ser la última en tener la regla.
— Tener un físico distinto al de la media: ser el más alto de la clase o el más bajo, la más gorda o la más flaca, el pelo más rizado o el más lacio...
— Discutir con el mejor amigo.
— Suspender las asignaturas.
— No lograr una buena puntuación en el deporte.
— Convivir con los hermanos, que supuestamente gozan de multitud de privilegios que a él o a ella les están prohibidos.
— No llevar la ropa de moda.
— No recibir llamadas telefónicas.
— Correr el riesgo de *perderse algo*. Por eso, cuando va en el coche cambia sin descanso la emisora de radio. *Click*-atisbo de ritmo. *Click*-fracción de acorde. *Click*-cacho de compás. Justo cuando ponen una canción que le chifla, la enfermedad se agrava. El tic se vuelve frenético. La presión es demasiado fuerte. No puede soportar la idea de que en otra emisora, al mismo tiempo, estén poniendo una canción que le gusta más todavía.

El adolescente quiere que se cuente con él

El miedo a perderse algo es todavía más acusado cuando se trata del grupo. Le atormenta en extremo que los amigos estén pasándolo bomba sin que él lo sepa. Los adolescentes salen a la calle «por si acaso». Forman pequeños grupos y se concentran en la puerta del centro comercial o en un banco de la calle y hablan de vaguedades: nada concreto ni apasionante. Simplemente esperan que ocurra algo:

—Hola, tronko, ¿qu' pssssa?

—Baaah. Acabo de hablar con Juaris y con Gómez y dicen que a lo mejor se monta algo en casa de un tío que no conozco. Ni idea macho. A lo mejor me doy un voltio por ahí. ¿Y tú, men?

—Pssse, nnee. Aguirre está detrás de Carranza, porque ayer le puteó no sé por qué y le quiere partir la cara. Pero no sé. Igual no aparece. No sé, a lo mejor me paso por Kapital, a ver si hay alguien.

—Sí, a lo mejor «nosotros» (no hay nadie más) pasamos también.

No saben expresarlo con palabras, pero el mero hecho de que algo excitante pueda ocurrir les hace deambular durante horas: del banco de la esquina a Kapital, de Kapital al portal de Fernández, de allí a la puerta del centro comercial, y luego a la heladería que cerró hace horas. Es apasionante y frustrante al mismo tiempo, porque no cejarán en el empeño hasta tener la total seguridad de que ya es demasiado tarde para que algo pueda suceder lejos de su presencia:

—Esto es un muermo, tío, ¿qué hora es?

—No sé, creo que las doce y algo.

—Bahhh, yo me abro, esto es un muermo.

—Sí, tío, yo también me voy al sobre.

—Sssta luego, cuerpo.

—Sssta luego.

Aproximadamente a los 13 años el adolescente se va integrando en un grupo mixto por medio de fiestas, excursiones, deportes, etc. Suele elegir un grupo de gente con gustos e intereses parecidos y de este modo elimina mejor su ansiedad. El chico tiene oportunidad y ganas de *estar por* una chica (antes se decía *fijarse)* y viceversa, aunque a veces no se atreven a dirigirse la palabra. La chica utiliza el teléfono para *salir* con gente, *darles plantón* o *ponerlos verdes.* Es su medio favorito de relación sin contacto físico.

Todo ello constituye la plataforma de la futura pareja. Algunos jóvenes no superan esta etapa. No saben resolver problemas típicos de la edad y, por tanto, no culminan el proceso de la madurez necesaria para ser adulto. Se refugian en bandas o *tribus* [2], por lo general de tipo agresivo, y dependen de ellas hasta muchos años después.

ADOLESCENCIA TARDÍA. INICIO DEL FINAL

La edad de los 15 años es crítica. El joven deja de ser parte de un grupo y *tiene* que definirse con una personalidad única y privada. Ahora experimenta con la crueldad y la agresión; coquetea con la idea de suicidio, como una llamada de socorro, porque no sabe superar un amor frustrado (que adorna con matices de lo más trágico), o las malas notas, o la traición de un amigo.

El amor

La relación con el sexo opuesto domina todo. Es el momento en el que comienza el aprendizaje de la relación de pareja. Por primera vez el chico o la chica tiene ligue fijo, pero, en general,

[2] Véase el capítulo XIII.

el sexo produce angustia. Los chicos dicen que ellas son unas *posesivas,* porque sólo quieren fidelidad y compromiso en serio; mientras que las chicas aseguran que los chicos sólo piensan en «meterles mano». El lema es: *ellas fingen sexo para obtener amor, y ellos fingen amor para obtener sexo.* Desde los 15 a los 18 años es frecuente la sucesión de tres o más noviazgos con una pareja de la misma edad, gracias a lo cual ambas partes llegan a conocer bien al sexo opuesto. La palabra *salir* adquiere un significado peculiar, sobre todo en el vocabulario femenino.

> Riiiinnng
> —¿Julia?, soy Luis, ¿q'passsa?
> —Ssstoy p'al tinte, tío, ¡tengo un apalanque...!
> —Es que te llamo por si quieres salir.
> —Nnneeee, no puedo. Salgo con Moleño.
> —¿Sales con «ése»? ¿Desde cuándo?
> —Mañana celebramos dos semanas desde que empezamos a salir.
> —Bueno, tía, perdona por haberte llamado. Es que no lo sabía.
> —Vale. Adiós.

Salir es un término más blando que *ser novia formal de*, aunque implica lo mismo, es decir, «ser fiel a la pareja». En términos cotidianos significa que aunque no se *salga* físicamente, no se puede *salir* (a dar una vuelta) con algún espontáneo que pide *salir,* porque no se ha enterado que ya se está *saliendo* con otro.

Este jeroglífico verbal tiene un inconveniente si se *sale* con alguien de la misma edad hacia los 15-16 años: al hacerlo durante un tiempo prolongado, el adolescente, chica o chico, se aleja de otros amigos (sobre todo de los del sexo contrario), se aísla, lo que le impide adquirir la necesaria madurez en la relación con un grupo y también precipita el ocaso de la relación.

POSTADOLESCENCIA

La postadolescencia abarca desde los 18 hasta los 22 años aproximadamente. Es un periodo de tránsito en el que al joven se le otorgan ciertos privilegios de adulto: votar, conducir, dejar de ser *menor*, etc., pero se le priva de otros, porque todavía, desde el punto de vista económico, depende de sus padres y necesita terminar su formación profesional como adulto.

A veces, los padres tienen pánico al síndrome del «nido vacío», lo que les lleva a sobreproteger a los casi adultos para que no se marchen del hogar. El joven postadolescente es un adulto que espera en casa de los padres a que llegue el momento de salir y formar casa propia.

La postadolescencia se define principalmente por dos características:

1. Se accede a la independencia económica y social.
2. Se consolida la relación de pareja, quizá «para casarse».

III. Hablar con un adolescente

La comunicación fluida proporciona a los padres seguridad, les permite controlar los peligros del mundo exterior, las malas compañías, el fracaso escolar, las drogas, etc. La conversación y la sana confianza ayudan a encarrilar el extravío del hijo, proporcionan sosiego al padre y autoestima al joven. Sin embargo, y a pesar de que todo el mundo está de acuerdo con lo anterior, comunicarse con un adolescente es una proeza. Algunos lo creen imposible.

Cuando el joven irrumpe en la adolescencia, el chico y la chica luchan por su independencia, por tener criterio propio, por no acatar órdenes de los demás. La vida en casa transcurre entre discusiones, desacuerdos y discrepancias. Aun el joven más dócil se vuelve polémico. El ritmo cotidiano es objeto de litigio debido a que el adolescente intenta cambiar a su gusto todo lo que concierne a la vida en casa: las normas familiares, los trabajos, los hábitos personales, el uso del teléfono y la televisión, el dinero o los hermanos.

—¿Qué tal, Lucía? ¿Qué haces?

—Veo el concurso éste en la tele, papá.

—¿A ver? Ummm... ¡Qué estupidez! ¡Qué pérdida de tiempo!...

—A mí me gusta, papá. Lo encuentro divertido.

—No me extraña, hija. A tu edad, a mí también me divertía perder el tiempo en tonterías. Pero luego comprendí que en la vida merece la pena ser un poco más selectivo y culto.

—¿Quieres que lo cambie, papá?

—Sí, hija, quítalo. Toma este libro y verás cómo te diviertes más. Lee un poco, niña. Ya verás.

—Gracias, papá. Si no fuera por ti, sólo vería cosas para lerdos.

Esta conversación es un sueño que jamás se producirá entre un padre y una adolescente. Nunca. Ni una sola vez en toda la historia de la humanidad. Los padres pueden hablar con su adolescente en los siguientes términos:

- *Mandato*: «Zutanaaa, ¡cierra la puerta! ¿Acaso quieres que demos calefacción a todo el vecindario?»
- *Advertencia*: «Te estás pasando, no se te ocurra volver a hablarme así.»
- *Sabiduría*: «¿Lo ves? ¿Te das cuenta de que yo tenía razón? Te lo advertí.»
- *Sano interés*: «¿Cuándo te dan las notas?»
- *Crítica*: «Acabas de hacer una estupidez mayúscula.»
- *Consejo*: «Si yo estuviera en tu lugar, haría esto, lo otro y lo de más allá.»
- *Consuelo*: «Si no tienes éxito a la primera, no te preocupes, hijo. Eres como la mayoría de la gente.» «Puede que no seas Miss Universo, querida, pero a mí me gustas», etc.

Por otro lado, la conversación del adolescente con sus padres puede rozar la algarabía más insólita:

—Mamá, ¡qué delgada estás hoy! ¿Sabes?, he aprobado el examen de inglés y tengo una idea fantástica para el verano. Rosi y

Claudia van a ir a un festival * de rock a Dinamarca. Es en junio; justo al final del cole. Como he aprobado el inglés, les he dicho que yo también voy. Mamá, ¿te he dicho ya que estás muy delgada?

O puede ser menos pródiga en calidad o cantidad:

—Necesito pasta.

Conviene que los padres insistan en mantener el diálogo abierto y un clima de confianza y seguridad. Es poco probable que eviten la discusión, pero deben intentar que ésta no devaste la relación entre ambos. La pelea diaria es domesticable. Sólo hay que hacer el esfuerzo de hablar *con* el joven y no *contra* él.

PRINCIPALES QUEJAS DE LOS PADRES

En líneas generales, las principales quejas de los padres son las que aparecen numeradas a continuación:

1. «Sólo entiende la palabra *no* cuando la dice él.»
2. «Detesta cualquier gesto de ternura.»
3. «Explota a la menor sugerencia.»
4. «Miente como un bellaco.»
5. «*Pasa* de todo.»
6. «Sólo hace caso a los demás.»
7. «Usa una jerga que no hay quien la entienda.»
8. «Es hipócrita.»
9. «Cree que siempre le estoy criticando.»
10. «Sólo él tiene razón. El resto de la humanidad se equivoca.»
11. «Es muy egoísta.»

«Sólo entiende la palabra *no* cuando la dice él»

—Mamá, salgo.

—No, Juancho. Mañana hay colegio.

Al cabo de una hora, Juancho entra por la puerta de la calle como si tal cosa...

—No puedo creerlo, Juancho. ¿Por qué has hecho eso?

—¿El qué?

—¡Has desobedecido!

—¿Yooo?

—¡Chuletas! ¿Por qué me has puesto chuletas? ¡No quiero chuletas, mamá!

—Oye, niña, ¿se puede saber qué te pasa? ¿Desde cuándo no quieres chuletas?

—Desde que soy vegetariana. Ayer he decidido ser vegetariana. Te lo dije. Te dije: «Mamá, a partir de hoy sólo quiero ensalada.» Y tú, para fastidiar, vas y me pones chuletas.

—Puedes empezar a ser vegetariana mañana. Mañana tomas ensalada. Hoy tomas chuletas, ¿eh?

—Ya te lo he dicho, mamá. Te lo he dicho mil veces. No: «ene, o». No voy a tomar chuletas.

Y no lo hizo.

De pronto, padres e hijos parecen hablar idiomas distintos. Uno dice algo e inmediatamente el otro dice lo contrario. *Adolescencia* es sinónimo de *separación, autonomía.* El problema es que son los hijos quienes, sin previo aviso, desean alejarse de los padres. Sólo ellos marcan la distancia. Los límites, las reglas, las normas de convivencia son los mismos de siempre, pero ahora el joven decide hacerlos añicos, amoldarlos a su gusto y conveniencia. Deja de estar de acuerdo con ellos. Antes no protestaba. Ahora lo hace con frecuencia.

La comunicación entre padres y adolescentes al final se parece a un diálogo entre sordos. En el ejemplo de las chuletas el mensaje que intenta transmitir la madre es el siguiente: «La carne es buena para la salud. Estás creciendo. Necesitas proteínas. Yo tengo razón. Te equivocas queriendo ser vegetariana.» Mientras, la hija piensa: «Me estás obligando a aceptar un fracaso. No tienes en consideración mis opiniones.»

«Detesta cualquier gesto de ternura»

Mikel está en el salón frente a la tele. Su madre entra y pregunta: «Qué estás viendo?» Sin decir una sola palabra, Mikel se levanta, sale del cuarto, se encierra en su dormitorio y decide quedarse sordo con el estéreo a todo volumen.

La independencia del joven requiere un adiestramiento complicado y doloroso. Es muy difícil que éste pueda encontrarse a sí mismo sin que exista un intento de lucha por ser autónomo y único. Esta lucha quizás resulte a los padres exagerada y brutal. La alergia a los padres es un sentimiento frecuente durante la adolescencia que hace sufrir a ambas partes. Los progenitores, como es lógico, no pueden entender las causas de tan súbito rechazo, pues ellos siguen siendo los mismos, su modo de actuar idéntico y el ritmo del hogar permanece intacto. Por tanto, el repentino impulso de huida les parece injusto y cruel. Los hijos, por su lado, se debaten intensamente entre el amor a los padres y el deseo de que desaparezcan del mapa.

El joven daría un brazo por defender a su madre de la adversidad; pero a la vez la simple presencia de ésta en el salón le pone en guardia. Y si a la madre se le ocurre la atrocidad de abrir la boca para preguntar «¿Qué tal los deberes?», lo que antes era guardia ahora se convierte en ataque. Desea en lo más profundo de su ser que la madre salga del cuarto o cierre el pico; que le ignore, que deje de fijarse en él.

La alergia a los padres se debe a una batalla interna de sentimientos contradictorios en el joven. Quiere a sus progenitores, desea estar con ellos, sentirse amado e importante en el hogar, pero a la vez esta imagen de amor, candidez y dependencia le fastidia muchísimo. Ignora que amar a los padres no tiene nada que ver con ser infantil. Para el adolescente cualquier gesto de cariño o ternura le recuerda que es dependiente, vulnerable y pueril, y no es extraño escuchar: «Mamá, ¡déjame!, *no* me vuelvas a dar un beso. *Odio* los besos.»

A pesar de que al joven se le pongan los pelos de punta, los padres deben insistir en demostrar amor, mantener el diálogo abierto y estar disponibles. Es importante que lo hagan, aunque la respuesta sea desagradable o injusta. Han de prever que los chicos intentarán escabullirse a toda costa. Las chicas no sólo se mostrarán esquivas. Además chistarán, lanzarán suspiros de asfixiada resignación y, por supuesto, pondrán los ojos en blanco.

«Explota a la menor sugerencia»

Los adolescentes, debido a su falta de experiencia, desconocen la mesura y carecen de tacto. En el intento de alcanzar autonomía calculan mal la fuerza que precisa cada acontecimiento, embisten la contrariedad con fiereza, como si todo, aun lo más pequeño e insignificante, fuera digno de combate o discusión. Saben que sus padres tienen mucha fuerza, que son hábiles en el mando e intentarán domar sin tregua los aires de libertad. Por eso conviene poner mucho empeño en la lucha contra el dominio paterno y, como resultado, el adolescente termina explotando a la menor sugerencia.

—Mamá, ¿puedo salir esta noche? Julia y Rosi tienen permiso hasta las doce.

—Las doce me parece un poco tarde, querida.

—¡Me odias! ¡Siempre me estás fastidiando! ¡No me dejas hacer nada! ¡Me amargas la vida!...

Enfadada, ebria de insolencia, la chica no se ha dado cuenta de que su madre simplemente ha hecho un comentario. En absoluto le ha prohibido salir. En lugar de percibir a una madre que intenta ser razonable, la joven percibe a un oficial de la Gestapo. Cualquier glosa paternal recibe una respuesta rabiosa, cruel, inadecuada. A los padres les cuesta trabajo comprender que se trata de una señal de autonomía. Se aturden, les pilla por sorpresa y les hace daño. El papel de padre controlador e hijo obediente se difumina y suele hacerlo con brusquedad, sin previo aviso.

En general, el comportamiento bélico de los chicos es distinto al de las chicas, como veremos a continuación.

Los chicos

La mayoría de los chicos carece de facilidad para la dialéctica bajo presión. Pueden emplear términos o frases breves como «No me toques los cojones»; palabras fuertes y rápidas que tienen como objetivo paralizar al enemigo, en este caso a los padres.

En la batalla con la autoridad paterna el chico suele ponerse muy nervioso. Tiende a responder de una forma más física que verbal: un golpe en la mesa, un plato que vuela por los aires o un portazo descomunal cuando sale de la habitación o de la casa. La disputa suele ser breve; no sabe lidiar con ella de forma razonable y la resuelve bien embistiendo con violencia, o bien marchándose. Lo último es mejor para todos. La primera posibilidad puede causar más problemas que el lector localizará en el capítulo XIV.

Las chicas

La chica despliega con habilidad malabarista el arte de la verborrea. Todo, absolutamente todo, es objeto de disección y combate lingüístico. La niña adorable que daba muchos besos y sonreía con frecuencia se convierte en un dragón que echa fuego por la boca cuando se le lleva la contraria. Pone mucho empeño en demostrar que ya no es dócil, ni mona, ni manejable. Cuanto más ácido es el comentario, más eficaz. No importa el daño que cause al destinatario. En el fondo, sabe que no siente lo que dice y como es muy egoísta, eso le parece más que suficiente.

> —Mi Susi me ha dicho: «Vete a la mierda.» ¿Te lo puedes creer? Así, como si tal cosa, me ha dicho: «¡Vete a la mierda!» ¡A mí, que soy su madre!

Al contrario que en el caso masculino, la chica utiliza el lenguaje desde que es muy pequeña para dar o recibir afecto, así como para destrozar a una rival en el colegio:

> —Yo que tú, Ana, tendría más cuidado con la forma que tienes de correr. Te he visto mientras ibas al recreo. Corres como si te estuvieras haciendo caca.

A pesar de que resulta muy incómodo lidiar verbalmente con una chica adolescente, al menos los padres la tienen cerca, en casa, bajo control, cosa que no ocurre con el chico que da un portazo y se larga.

«Miente como un bellaco»

El adolescente tiene una capacidad infinita para la autojustificación. Reconoce un fallo en lo más íntimo de su ser, nunca frente a los demás:

—Mercedes García, a la pizarra. Háblanos del amoniaco.

—¿Del amoniaco? Ya. Mmmm... El amoniaco... el amoniaco es... es un líquido transparente... es incoloro... de olor agradable...

—¡¿De olor agradable?!

—Sí, ¿qué pasa?

—¿De olor agradable has dicho?

—¡Oiga! ¡¡¡A mí me gusta!!!

Cuando hace trampa, intentará por todos los medios que nadie lo sepa. Se pone la máscara de la sabiduría, la bondad y la inocencia. Es capaz de inventar una justificación tan rápido que da vértigo, y se atiene a ella con tal arraigo, que resulta muy complicado hacer que reconozca públicamente la farsa.

—Porque soy un tío legal.

—Ayer por la noche te escapaste de casa. Te he pillado. Me has mentido.

—No me escapé. Tenía que devolverle el libro de química a Ojeda. Me di cuenta muy tarde. Estabas durmiendo y no iba a despertarte. Fue sólo un minuto...

—Eran las dos de la madrugada. No volviste hasta las cuatro.

—¡Tenemos un examen! Le ayudé a estudiar. ¡Lista!

—¿Desde cuándo Ojeda no sabe estudiar solo?

—¿Y desde cuándo te importa a ti lo que hace Ojeda? ¡Menuda cotilla eres! ¡Todo el mundo va a decir que mi madre es como una portera cotillasquerosa!

La discusión podría durar toda la vida. De hecho, es precisamente lo que pretende el adolescente. Intenta enmascarar la verdad y piensa cosas del tipo: «Con suerte me regaña por hablar mal y no por haberme escapado de casa.»

La mayoría de los padres desea confiar plenamente en su hija o su hijo. Al hacerlo, lo tratan como a una persona adulta. Saben que es importante, incluso esencial; pero el adolescente no se lo pone fácil. Se empeña en provocar, en poner a prueba sin cesar la paciencia y la capacidad de confianza de sus padres; miente con frecuencia, en especial en lo que concierne a dónde ha ido o lo que tiene intención de hacer. También muestra cierta predilección por lo prohibido, comete infracciones, le encanta atreverse con lo vedado.

Los padres no pueden evitar que el joven mienta. Sin embargo, es muy importante que tengan muy claro qué hacer cuando descubren la mentira. Algunos adolescentes mienten sin descanso, aunque sea evidente para todo el mundo (incluso para ellos mismos) que lo están haciendo.

> —¡Es increíble! He llamado a casa de Ojeda esta mañana y su madre me ha dicho que desde ayer está haciendo camping. ¿Acaso crees que soy idiota?
>
> —¡Siempre andas fisgando mi vida! ¡Me odias a muerte! ¡Preferirías que me muriera antes que confiar en mí!

El chico continuará mintiendo mientras exista la más mínima posibilidad de salir airoso. Podrá jurar que ha ido al camping a enseñar química a Ojeda a las dos de la madrugada si es necesario. Cualquier cosa antes que reconocer el engaño. Curiosamente, la reacción es idéntica tanto si dice la verdad y no le creen como si dice una mentira y le pillan. Se enfada muchísimo sólo por el hecho de que sus padres sospechan de él, aunque el embuste tenga el tamaño de una catedral.

—Me pone histérico que me espíen. Ya soy mayor. Siempre andan preguntando, como si fueran de las S.S. Tengo dieciséis años. No importa si miento o no. Eso no es lo importante. Soy un tío legal. Ni siquiera deberían preguntar. Así no tendría que mentir.

Es importante que los padres sepan poner fin al engaño *a tiempo*. Conviene no perder el sentido de la orientación: la batalla dialéctica para defender la mentira quizás lleve al padre a olvidar lo que merece ser corregido. Hay que ser sutil, hábil y bastante cauto para no dejarse arrastrar por la trampa.

El padre o la madre sagaz debe tener muy calculado desde el principio su plan de acción; debe saber si el hijo merece ser reprendido por escaparse de casa, o mentir como un loco o hablar sin respeto.

Si la situación se prolonga demasiado, habrá que regañarle por las tres cosas. Pero tanta amplitud servirá de poco. Puede volver a escaparse al cabo de un tiempo y por supuesto seguirá mintiendo y contestando mal. Conviene zanjar la cuestión desde el principio y asegurarse de que no volverá a ocurrir. Las chicas mienten con mayor frecuencia que los chicos, porque tienen prohibidas más actividades que ellos y son objeto de notable escrutinio por parte de los padres. Han de pedir permiso más veces que los chicos y es precisamente en este momento cuando mienten con mayor descaro.

—Mamá, ¿puedo ir al Parque de Atracciones esta noche? Vamos las de la clase. Nos lleva el hermano de Rosi en el coche y...

—¡Un momento! No sabía que Rosi tuviera un hermano.

—Bueno, ya, es que no es exactamente su hermano. Es un amigo muy amigo. Rosi le trata como si fuera un hermano...

Cuando los padres cazan una mentira, deben dejar claro que ya no confían *sólo en ese aspecto*. En el ejemplo anterior pueden decirle a la chica que tendrán que comprobar con exactitud con quién va y a dónde va. Pero a la vez la hija sigue mereciendo toda su confianza en la forma que tiene de gastar dinero, o de estudiar, o de cualquier otro aspecto positivo en el que todavía no haya fallado.

«Pasa de todo»

Muchas veces algunos adolescentes deciden ausentarse aun cuando están presentes. Entran en una especie de letargo, de permanente embotamiento que saca de quicio a los sufridos padres. Este tipo de adolescente no se emociona con nada, ni hace esfuerzo alguno. Todo en él funciona como a cámara lenta; hasta su forma de hablar. Cuando se le pregunta algo, no contesta o emite un *mmmm* de lo más cansino. Cualquier comentario en el que se le solicite colaboración o en el que se exija que cumpla con sus obligaciones le resulta extremadamente molesto, y tiende a demostrarlo no haciendo ni pizca de caso.

> —Juan, ¿me ayudas a lavar el coche?
> *Silencio.*
> —Juan, ¿qué haces ahí tirado? ¿No tienes un examen mañana?
> —Mmmmm...
> *Silencio.*

Sus actividades favoritas, incluso en vacaciones, son tumbarse en la cama, ver la televisión, aislarse del mundo con unos auriculares que escupen música tecnomaniaca y no hacer absolutamente nada que exija el más mínimo esfuerzo físico. No se aburre, porque el cuerpo no le pide acción; por el contrario, le pide un tipo de vida contemplativo. Adora, saborea el nihilismo. El hogar soñado es el limbo; su máxima aspiración, que le dejen en paz.

Los padres, locos de desesperación, tienden a zarandearle, a gritarle, a recordarle sus obligaciones. A veces, tienen éxito, pero suele durar poco. Este tipo de adolescente precisa continua persecución. Aunque los padres consigan que haga los deberes un día, no pueden cantar victoria definitiva, pues lo más probable es que al día siguiente tengan que empezar de nuevo.

«Sólo hace caso a los demás»

Según el adolescente, los amigos siempre tienen razón:

> —Zutanita dice que no tener secadora es una horterada. Mamá, ¡somos horteras! Es tu culpa.

A veces, incluso los padres de los amigos son mejores y más razonables que los propios padres:

> —Mamá, no vuelvas a comprar ganchitos. Dice la madre de Loren López que los ganchitos son comida-basura.

Hay adolescentes que adoptan un ídolo adulto al que admiran y con quien les gusta hablar. En él encuentran el guía que aconseja, escucha u orienta sin regañar: nunca les manda recoger la habitación o hacer los deberes; su misión consiste en ser muy simpático y tener más virtudes que los propios padres. La admiración del adolescente hacia otro adulto ajeno al hogar complica la comunicación entre padres e hijos, en especial en lo relacionado con las normas de convivencia. Siempre que aparece un límite, ¡¡Zas!!, el padre o la madre de Fulanito es más comprensivo y tolerante, además de inteligente. No pone normas tan retrógradas ni vigila como si fuera un perro policía. Toda esta combinación de increíbles virtudes en el padre o la madre de Fulanito colma de celos a los progenitores, porque el elegido no suele dar para tanto boato. En realidad, el padre o la madre de Fulanito es también un sufridor, igual que cualquier padre de adolescentes: no es liberal ni tranquila/o; no está al corriente de todo lo que concierne a su hijo; se halla al borde de la desesperación; también es víctima de críticas, mofas o insultos, e incluso ostenta el título de *el padre/la madre más horrible de toda España,* aunque por lo visto, algún amigo de sus hijos se empeña en no darse cuenta.

En el intento de separarse de los progenitores, el joven necesita todavía un apoyo adulto sin el que no se siente seguro. A veces lo busca en el padre o la madre de un amigo.

«Usa una jerga que no hay quien le entienda»

En general, los chicos son más proclives que las chicas al uso y disfrute de un idioma peculiar que manejan entre ellos y que por supuesto no han aprendido con un libro.

La academia de la verborrea juvenil es el grupo de amigos, la calle. A veces los padres oyen palabras o frases breves —«Sstoy p'al tinte»— que, según el contexto, pueden llegar a traducir con facilidad; otras veces, no hay quien las entienda.

El idioma en cuestión es arduo, complicado, tendente a lo macarra y además cambia a la velocidad del rayo. La palabra que hoy está de moda mañana cae en desuso y decirla demuestra que ya no se está *en el rollo*.

Cualquier padre puede observar hasta qué punto su hijo es hábil en el manejo de este idioma peculiar, cuando el chico habla por teléfono con un amigo. La conversación con el camarada se vuelve efervescente. Como por arte de magia se pone en funcionamiento la cháchara más macarrónica que uno pueda imaginar.

> —Q'psssa, filili. Iba a tocarte el tubo, pero mi jefa estaba pegándole al nakel que no veas. ¿Sabes tronko? El muy makoki de Juaris se ha empalmao con una burra popelín que te cagas, cuerpo. Ayer la trajo a la explicadera, men. ¿La calaste? [1]

No todos los chicos son tan avezados en el idioma callejero, pero la mayoría sorprende a sus padres con un léxico singular que no han escuchado nunca en casa. El joven se fascina con el uso y disfrute de neologismos, antinomias, tacos, frases malsonantes, juegos de palabras, malabarismos lingüísticos propios y muy diferentes del estilo que se utiliza en casa. El grupo de amigos es, en este sentido, el mejor laboratorio para aprender y experimentar.

El adolescente, en su ansia por separarse de los padres, desea ser original y siente predilección por todo lo extravagante y diferente. Este afán de estilo propio se manifiesta en la forma que tiene de vestir, hablar y relacionarse con sus amigos.

«Es hipócrita»

En ocasiones los adolescentes actúan con pasmosa hipocresía. Pueden defender con arrogancia un ideal y al minuto estar actuando contra él. La chica que lanza un comentario mordaz contra su madre —«Sólo te importan las apariencias»—, pasa toda la tarde encerrada en su cuarto cambiándose de ropa. El

[1] El lector encontrará al final del libro el «Diccionario», con cuya ayuda podrá entender esta conversación.

chico que critica el estilo consumista-burgués-explotador de su padre, jura que *necesita* el último grito electrónico del mercado.

> —Necesito un PC multimedia con altavoces de 80 vatios, galería de fotos, enciclopedia interactiva, Lotus SmartSuite 8.0, etc., etc., etc. Papá, tienes que comprarlo *ahora*, porque te hacen el 3 por ciento de descuento si pagas al contado.

La aparente hipocresía no es fruto de malas intenciones, engaño deliberado o maledicencia. Es el resultado de una capacidad intelectual todavía inmadura que se esfuerza por dejar de serlo. El adolescente no percibe con claridad la diferencia que existe entre la teoría y la práctica. No sabe conectar los grandes ideales con los pequeños y cotidianos actos que conforman el día a día.

«Cree que siempre le estoy criticando»

Una de las características intelectuales que estrena el joven en la adolescencia es la habilidad de *saber* lo que los demás están pensando. Hacia los 10-12 años, esta nueva facultad puede convertirse en una auténtica obsesión. El chico y la chica creen que los demás sólo se fijan y observan cada movimiento que hacen y los errores que cometen.

> —Mamá, ¿por qué pones esa cara?
>
> —¡Qué cara, Juani!, ¿qué cara pongo?
>
> —Me miras con unos ojos, así, de crítica. Te parezco estúpida, crees que todo lo hago mal. Pones los ojos como si fueras superior.
>
> —Francamente, Juani, no sé de lo que me estás hablando. Estoy pensando en lo que vamos a cenar esta noche.
>
> —Ya, ¡que me lo creo!, ¡ja, ja!

Se creen actores torpes, protagonistas atroces, ineptos y les cuesta trabajo comprender que su audiencia es totalmente imaginaria. Cada uno de los adolescentes de un colegio piensa (*sabe*) que los demás ya han notado el grano que le ha salido en la barbilla, y que por eso se ríen y cuchichean a sus espaldas.

No importa cómo se les mire o lo que se les diga. Ellos interpretan algo diferente, algo que los demás no han dicho en absoluto. Se empeñan en que el mensaje erróneo ha penetrado sus orejas. Lo que en verdad oyen es la versión que tienen sobre los demás, una versión particular que, en el fondo, conforma la base de una conciencia propia que no habla con la voz del adolescente, sino con la de los progenitores o del líder de la clase. De ahí que les achaquen su autoría.

A veces la conciencia del joven es aún más estricta que la de los demás, en especial en el caso de los estudios o el logro deportivo.

> —No hay derecho, mamá. Tú no me dejas salir, porque en el grupo va Ana Pérez, y como suspende no me dejas ir con ella. Eso es lo que te molesta, que Ana Pérez saque malas notas, ¿eh?, confiesa...
>
> —Mira, Julia, no digas tonterías. Nunca he sabido las notas que saca Ana Pérez.
>
> —¡Ahhh!, pero ahora que lo sabes, ¡ya no me dejas salir con ella por eso!

«Sólo él tiene razón; el resto de la humanidad se equivoca»

Cuando el adolescente se cree el centro de interés de todo el mundo, no sólo sufre complejo de inferioridad, sino que al mismo tiempo se siente heroico, único, invencible y especial. Se considera inmune a los peligros, capaz de conducir un coche sin carné o tirarse en parapente desde un lugar para profesionales. Sabe hasta dónde puede llegar en el consumo de drogas o alcohol, ¿adicto?, ¡jamás! Está convencido de que nadie le atracará si cruza un parque solitario a las dos de la madrugada, y de que no pasa nada por *mangar* lo último en realidad virtual de la tienda de la esquina.

Para el adolescente, *nadie* es capaz de amar tan profundamente, ni de juzgar con tanta honestidad, ni entender la vida con la misma claridad que él.

«Es muy egoísta»

> —Mamá, necesito que me lleves al centro comercial.
>
> —¿Para qué?
>
> —Necesito un cuaderno. Es urgente.
>
> —Puedes comprarlo en la papelería de la esquina, hija. Acabo de venir con la compra del mes y ahora necesito un respiro.
>
> —En la papelería de la esquina venden cuadernos que son un muermo. Quiero que me lleves al centro comercial.
>
> —¿Pero es que no lo has oído? ¡Necesito descansar un rato!
>
> —Mamá, eres egoísta. Eres la madre más egoísta de toda España. La que más.

Algunos adolescentes son algo más considerados; otros no. Someten a los padres al capricho instantáneo, como si éstos no tuvieran derecho a enfermar, fatigarse o tener un mal día. Este tipo de comportamiento es común en los primeros años de la adolescencia, cuando el joven no ha dejado todavía los efectos de la infancia, ese periodo en el que los padres todo lo daban sin pedir nada a cambio.

A medida que el joven madura, comienza a tener más en cuenta los sentimientos de otras personas, incluso de los padres —«Mamá, ya sé que el trabajo de las madres es un espanto, pero alguien tiene que hacerlo, ¿no?».

¿QUÉ PUEDEN HACER LOS PADRES?

Cuando un joven alaba a una persona con la que dicen «hablar de todo», no se refiere a alguien que le embelesa con el manejo de la palabra. El adolescente no quiere que se le hable; lo que le interesa y valora es que se le escuche.

Escuchar con eficacia es todo un arte que pocas personas saben llevar a la práctica. Quien lo hace, demuestra tener en cuenta los sentimientos, las opiniones y las emociones del otro, le hace sentir importante, que es digno de atención, consideración y respeto.

Al experimentar con el nuevo estilo de vida que supone la adolescencia, el chico y la chica cometen errores, dan palos de ciego, se equivocan. La mayoría de los padres quiere mitigar el golpe que la adversidad pueda causar en el hijo. Se hacen cargo de los problemas que atañen al adolescente, intentan ayudarle. Adelantándose a cualquier desenlace fatal, hablan, advierten, dan consejos, prohíben, juzgan, pero suelen tener poca paciencia para escuchar.

> —En cuanto entra por la puerta, ya sé que le ha pasado algo. No tengo más que verle la cara. Pero si le pregunto: «¿Qué te pasa?», me suelta: «Nada. No me pasa nada. Déjame en paz.» ¿Qué más puedo hacer?

Los padres aseguran que adivinan sin problemas lo que el chico o la chica lleva dentro; pero casi ninguno deja el tiempo suficiente para que lo exprese. Unas veces terminan las frases, dan las respuestas antes de que se plantee la pregunta; otras, escuchan palabras, no sentimientos ni opiniones.

> —¿Qué tal el partido de baloncesto?
>
> —No lo hemos conseguido. El árbitro estaba comprao...
>
> —Vaya, ¡qué pena!... Bueno, lo esencial es divertirse... Oye, deja de tocarte los granos, ¿me oyes? Sigue tocándote los granos y se te pondrá la cara como un queso.

Permitirle manifestar su opinión

Todos los padres quieren mantener con sus hijos un diálogo fluido y abierto, pero, en general, se refieren a un tipo de conversación unidireccional: desean que el hijo hable para luego ellos poder opinar, orientar, aconsejar o mandar.

Antes de llegar a la adolescencia el niño no pone en tela de juicio las opiniones de los mayores, cosa que empieza a hacer con insistencia hacia los 12 años. Los padres, acostumbrados a llevar la razón sin discutir, no digieren con alegría que de pronto su hija quiera oír las razones por las que se le prohíbe salir a una hora determinada, o que el hijo pida explicaciones sobre por qué se le impide beber alcohol, cuando sus padres beben lo que les da la gana, cuando les da la gana y sin que nadie les diga si es o no correcto.

En general, las opiniones del adolescente no se tienen demasiado en cuenta, se consideran infantiles, inadecuadas, erróneas o inexpertas. A veces, ni siquiera se le invita a manifestar una opinión, sobre todo cuando se trata de solucionar un problema que atañe al hogar y su funcionamiento. Este es precisamente un tipo de diálogo que el adolescente añora.

En su carrera hacia la madurez desea opinar. Opinando en casa se entrena, ensaya, aprende lo que se espera de él y averigua lo que es capaz de dar. Opinar le ayuda a sentirse adulto y válido.

Las conversaciones que los adolescentes desean tener con sus padres están relacionadas con los siguientes aspectos:

- *Todo lo que afecta a la familia.* Vivienda, vacaciones, economía, asuntos del trabajo de sus padres, enfermedades, peleas...
- *Los valores morales, la religión y la política.* En este sentido les interesa mucho saber el porqué de diversas cuestiones. «¿Por qué hay terroristas?» «¿Por qué no se pagan todos los impuestos?» «¿Por qué hay que ir a misa?» «¿Por qué el padre de Fulanito tiene una amante?» «¿Por qué no me dejas traer amigos a casa cuando tú no estás?»...
- *Todo lo que concierne a las emociones de los padres.* Saber por qué se quieren, el motivo de las peleas entre ellos, si van a divorciarse, si son felices o desgraciados, cómo eran en su juventud, sus debilidades...
- *La injusticia en el mundo.* Los adolescentes son muy proclives a defender lo utópico y pensar que la injusticia tiene solución. Se embarcan con pasión en la aventura de salvar a las ballenas o mitigar el hambre en Etiopía. El joven siente pasión por la justicia social y tiende a manifestar su opinión con arrojo, con un ahínco que en opinión de los padres es exagerado.
- *El deporte, los amigos, las aficiones...* No quieren hablar sólo de estudios, que es justo el único tema que parece interesar a los padres.

Consejos sobre lo que conviene o no hacer

¡No!

• Resolver problemas familiares sin implicar a sus hijos, porque está convencido de que el hallazgo de una solución es tarea exclusiva del progenitor. Los problemas del hogar *también son asunto de los hijos*.

• Percibir sólo el lado negativo de la nueva capacidad para pensar: «Estoy desesperada. Pablito se me está escapando de las manos. Ya no puedo con él.»

Al madurar intelectualmente, el joven se vuelve incómodo, porque discute más y se conforma menos. Es una señal de evolución correcta.

¡Sí!

• Considerar que el joven necesita un lugar seguro para estrenar y ensayar las nuevas alas intelectuales. Cuando discute con los padres acerca de la injusticia en el mundo, las drogas, el sexo; cuando defiende su ansia de libertad, está descubriendo hasta dónde puede llegar con su recién estrenada independencia intelectual.

• Escuchar sus opiniones, aunque no las comparta. Es la mejor forma de conocer cómo piensan sus hijos y el único camino para encarrilar su futuro.

EL ARTE DE ESCUCHAR

Hay una diferencia esencial entre hacerse eco de lo que dice el joven cuando se le marca un límite y escucharle en otras ocasiones, pues en ambos casos no es fácil tener éxito en la audiencia. Primero, porque no tenemos demasiada experiencia en hacerlo bien, y segundo, porque el adolescente dificulta la tarea.

Frente a las normas

El adolescente frente a las normas forcejea, critica, intenta razonar en su favor, grita o se pone en plan incómodo para salirse con la suya. Utiliza todo tipo de artimañas, espeta amenazas del tipo «Juro que me escaparé» o insultos y súplicas: «El padre de Zutanito estará con nosotros en todo momento, puedes fiarte de mí, papá. A las 12.30 estaré de vuelta en casa. Sólo por hoy, ¿eh?, porfa, porfa, anda, porfa.»

Algunas veces utiliza argumentos que son un completo disparate, pero otras el razonamiento merece ser escuchado: «Ya sé que os gusta pasar las vacaciones conmigo, papá, pero todos mis amigos se han apuntado a un campamento fantástico. Me apetece mucho más ir con ellos. No te enfades, papá, te digo lo que siento.»

Los padres no tienen por qué doblegarse y ceder en el límite impuesto, pero, sin duda, deben escuchar. Si el argumento del adolescente es razonable, sereno y válido, los padres pueden considerarlo, dialogar sobre él y actuar en consecuencia. Si por el contrario el joven insiste en embestir a capricho contra la norma, sólo conviene escucharle hasta cierto punto y en un determinado momento hay que dar por zanjada la cuestión.

—Tania, no insistas más. No te voy a comprar unas botas nuevas. Tienes otras en el armario.

—Ya te he dicho que esas botas son una mierda, mamá. Prefiero ir descalza, aunque sea con heridas en los pies. Prefiero que crean que soy una pobre, una mendiga harapientasquerosa antes que ir en Pan Jerks.

—Ya lo sabes, Tania. ¡No!

—Esta casa es un asco...

La madre no debe seguir escuchando más. Hacerlo supone zambullirse en un diálogo de sordos que no conduce a nada. Si el adolescente se empeña en continuar discutiendo, conviene separarse de él.

—¡Mamáááá! ¡No me escuchas! ¡No me estás escuchando! ¡Mamáááá!, ¿te has vuelto sorda o qué?

Padres siempre disponibles

Cuando no se trata de un límite, los padres tienen que estar siempre disponibles. Los adolescentes son especialmente sensibles en todo lo que concierne a:

- Las calificaciones escolares.
- El aspecto y el físico.
- La opinión de los demás sobre él.
- Los amigos.
- El enamoramiento y las relaciones sexuales.

El joven que padece un problema en relación a alguno de estos temas tiende a no hablar, a ocultar su desdicha o a no compartirla con los padres. Esto no significa que desee esconder su pena. La mayoría necesita echar fuera el desasosiego, la duda, la angustia que siente, pero no sabe poner el tono ni las palabras oportunas, o no encuentra el clima propicio en casa. Escuchar en estas ocasiones es difícil, comprometido, pero absolutamente necesario.

—¡Si yo siempre le pregunto! Le pregunto: «¿Dónde has estado?», y él me dice: «Por ahí.» Entonces, lo intento de nuevo: «¿Y qué has hecho?», y me suelta: «Nada.» Después da media vuelta y se encierra en su cuarto.

Conviene tener paciencia, insistir. Aunque esté deseando contar en casa lo que le ocurre, no sabe, no puede o no se atreve a hacerlo. Lo último que desea es oír consejos o recomendaciones. Sólo espera ser oído.

—Andrea, hija, ¿por qué traes esa cara?

—Por nada.

—A mí no me engañas. Dímelo, anda, vamos.

—Es que Loli y Marian se han reído de mí.

—No te preocupes, hija. Recuerda esto: las abejas mueren después de haber clavado el aguijón. Peor para ellas si son estúpidas.

La madre detesta que su hija haya sido puesta en ridículo. Desea pulverizar al enemigo. Llevada por sus propias emociones (no las de Andrea), oye tan sólo las palabras «Se han reído de mí», lo que de inmediato le induce a pensar «Menudas estúpidas». Ofuscada por la frustración que le produce el desasosiego de su hija, no atiende a otros sentimientos que oculta el mensaje. No considera que Andrea se sintió ridícula, torpe, fracasada, inútil, sola, traicionada por sus amigas.

Para incentivar el diálogo conviene hacer uso de frases *abiertas*, con las que el padre demuestra al joven que acepta y respeta su derecho a sentir o hablar como lo hace. Por ejemplo:

—Juanma me ha dicho que ahora le gusta otra. Me ha dejado.

—¡Con lo enamorada que estabas de él! (*Respuesta abierta.*)

—Ese imbécil es un pedazo idiota, hija. Pronto encontrarás otro novio, ya verás. (*Respuesta cerrada.*)

—¡Siempre me estás criticando! ¡Sólo te fijas en lo malo y nunca me hablas de lo bueno!

—¿Crees que espero de ti más de lo que puedes dar? (*Respuesta abierta.*)

—¡Tú puedes hacerlo mejor todavía. No te has esforzado como debías! (*Respuesta cerrada.*)

Saber escuchar es una disciplina en la que no hay que dar consejos, emitir opiniones o hacer preguntas. A veces, no hace falta decir ni una sola palabra. *Escuchar* significa *dejarlo todo para prestar atención, emplear oídos y ojos, ir más allá de las palabras, hacerse eco de sentimientos y emociones.*

- *Dejarlo todo*. Un padre o una madre no puede escuchar de forma eficaz si al mismo tiempo cocina, lee el periódico, ayuda al hermano pequeño con los deberes o trabaja. Para escuchar hay que dejar de hacer lo que se está haciendo, apartar pensamientos y ocupaciones; ofrecer toda la atención, demostrar que el que habla es digno de interés absoluto.

Conviene mirarle a los ojos, asentir con palabras o gestos. El adolescente tiene que notar que su padre o su madre comprenden y atienden lo que está diciendo, que participan de sus sentimientos.

- *Oír con los ojos*. En ocasiones, el joven no expresa con palabras lo que siente: «No me pasa nada, ¡qué pesada eres! Déjame en paz», pero su cuerpo está pidiendo socorro. La expresión de la cara, la mirada, el gesto de los brazos, la postura, el tono de voz. El cuerpo no miente. Cuando se observe un mensaje contradictorio entre gestos y palabras, hay que creer sólo lo que dice el cuerpo.
- *Adivinar el mensaje que se esconde tras las palabras*. Hay que evitar las interrupciones con comentarios, consejos o pre-

guntas. Al hablar con alguien, el adolescente necesita *oírse a sí mismo* hablando en voz alta. El objetivo es ayudarle para que exprese su frustración, angustia o miedo.

No siempre resulta fácil lograrlo. Por eso, cuando el joven haga una pausa, conviene animarle para que siga hablando: hay que repetir de forma breve lo que se ha oído con otras palabras: «Loli y Marian no se han portado como buenas amigas.»

Volver a decir de forma personal lo que el adolescente acaba de expresar pretende lo siguiente:

— Averiguar si se ha entendido correctamente el mensaje inicial.

— Demostrar interés y atención.

— Ofrecerle la oportunidad de oír de nuevo lo que acaba de decir.

— Entender el problema como lo siente quien lo padece, *meterse en su piel.*

— Ayudar para que salga a la luz cualquier otro mensaje oculto.

El comentario sólo debe hacerse durante una pausa, cuando al adolescente le cueste trabajo expresar un sentimiento solapado que quizá sea más importante que el que acaba de mencionar.

> —Ssee, las muy makokis *. Lo han hecho porque Juanma estaba en el recreo. Estaba allí, con los de su clase. Por eso se han reído en voz muy alta, para que Juanma crea que sigo loca por él.
>
> —¿Ya no te gusta?
>
> —Sseee, pero me fastidia mogollón que se entere.

Cuando el mensaje es corrosivo

—Juan, te noto nervioso, enfadado.

—Neee, no seas plasta, ¡déjame en paz!...

—Vamos, confía en mí. ¡Soy tu padre!, quizá puedo ayudarte...

—Es que luego empiezas a darme el rollo.

—No habrá sermones, Juan, de verdad.

—Bueno, pues es que ayer traje a una tía a casa por la noche y... en mi cama... ya sabes. Vosotros estabais durmiendo en el cuarto de al lado.

Escuchar con eficacia no significa que haya que estar de acuerdo con el contenido del mensaje, porque con frecuencia los adolescentes consiguen dejar al padre estupefacto, sumido en una profunda decepción o amargura. Una vez oída la misiva a veces resulta muy difícil saber qué tipo de actuación es la más sensata.

Cuando el joven confiesa algo que atenta directamente contra los valores de la familia, lo hace porque ha jugado con fuego, pero no aguanta el calor. Por eso necesita contarlo, aun con el riesgo de un duro castigo. En este caso lo que el padre debe valorar es:

1. Si se ha creado el clima propicio para que cuente su problema, «vomite el veneno».
2. Si el problema le supera y el cargo de conciencia es demasiado fuerte.
3. Si lo que persigue al contarlo es:

— Tranquilizar su mala conciencia.

— Descargar su angustia en el progenitor.

— Sacar a la luz otro mensaje escondido: por ejemplo, tuvo relaciones y no usó preservativo, o no estuvo a la altura de las circunstancias...

— Traspasar la responsabilidad.
— Demostrar que ya no es dependiente ni dócil.

Una confesión puede ser un duro golpe. Por eso, conviene tener previsto qué hacer después. El joven que se atreve a expresar su preocupación es de los que opina que «con mi jefe puedo hablar de todo». Hay que ser hábil para que la comunicación fluida no decaiga, pero al mismo tiempo, los padres deben saber orientar, proporcionar claves y mantener un sistema vigilante y ordenado.

Si se trata de un mensaje de los que dejan al padre envuelto en un sudor frío, lo primordial es conservar la calma. Hacerlo resulta muy difícil, pero enormemente útil. No conviene dejarse llevar por la furia, tener una reacción violenta; pero tampoco hay que tolerar el insulto, la falta de respeto o el desafío frontal a unas normas de convivencia. Sólo la calma permite encontrar la respuesta más adecuada.

Distinguir mensajes

¿Cómo discernir si sólo hay que escuchar o conviene aconsejar, recomendar y actuar? Es preciso preguntarse a quién afecta en realidad el problema que encierra el mensaje: ¿a los padres, al joven, a ambos?

Esta simple pregunta no tiene fácil respuesta. El dolor de un hijo, su confusión, miedo o angustia repercuten en los padres de tal forma que acaban haciendo suyo un problema que en realidad sólo atañe al joven. En el deseo de aliviar la pena, cargan con un problema que no les pertenece e intentan solucionarlo. Al hacerlo, impiden que el adolescente lidie con sus propios asuntos, se haga responsable, actúe como adulto.

Todos los especialistas aconsejan no intervenir cuando el problema afecta únicamente al adolescente. Hay que escucharle, estar disponible, animarle o guiarle, pero no conviene solucionar el conflicto en su nombre.

Situaciones en las que los padres deben evitar intervenir:

• Cuando el problema no afecta a sus derechos, valores o responsabilidades como progenitor.
• Cuando el problema no atenta contra la seguridad del hijo o de terceras personas.
• Cuando el problema se ha planteado entre el hijo y otra persona: un amigo, profesor, hermano, vecino, novio/a, etc.

> *Alicia viene de la calle. Son las once de la noche.*
>
> —¿Alicia, qué te ocurre?
>
> —Mañana tengo que entregar un trabajo de química y es que no me he acordado hasta ahora. ¡Mamá, tienes que ayudarme!

Este es un problema que afecta sólo a la hija.

> —Mira, papá, no sé cómo decírtelo. Resulta que ayer le di un golpe a tu coche (naturalmente, no tiene carné). Fue sin querer, te lo juro. Sólo di una vuelta de nada a la manzana. Te lo pagará el seguro, ¿verdad?

Este problema afecta a ambas partes. Hay que actuar para que no se vuelva a repetir.

> —¿Cómo es posible que aguantes los fines de semana sin dormir?
>
> —Tomo alguna pasti *, pero controlo bien. Sé lo que hago.

Este comportamiento atenta contra la seguridad física y mental del hijo. Los padres deben actuar de forma contundente.

Un caso especial: cómo escuchar una pelea entre hermanos adolescentes

La rivalidad entre hermanos es una constante en todas las familias y, cuando se produce entre adolescentes, puede llegar a adquirir un nivel de violencia preocupante. Aunque en principio es asunto que concierne sólo a los hermanos que discuten, la rabia desbocada de ambos podría terminar hiriendo a alguno de ellos, por lo general al menos fuerte. Sólo en este caso es precisa la intervención sin dilación de los padres. Deben dejar muy claro que harán todo lo posible para impedir que uno de los hermanos haga daño físico al otro. El adolescente debe entender sin ningún tipo de duda que cualquier amago de violencia física en el hogar se considera absolutamente intolerable.

Aunque no haya golpes, las discusiones y los gritos entre hermanos pueden ser una auténtica tortura para el resto de los habitantes de la casa.

> Inés, de 15 años y su hermana Pía de 14 están encerradas cada una en su cuarto. De pronto, suena el teléfono y como un resorte salen de la habitación abriendo con frenesí sendas puertas de los dormitorios. Cabalgan desbocadas por el pasillo; atraviesan la puerta del salón a empujones y con imponente destreza para sortear muebles y demás obstáculos se abalanzan contra el teléfono.
>
> Pía, la pequeña, es más veloz. Descuelga. Aferrada al auricular, responde con voz angelical:
>
> —¿Sííí?
>
> Y tras una breve pausa continúa:
>
> —¿Inés?... no, Inés no se puede poner ahora... está haciendo caca...
>
> Inés entonces agarra un cepillo de pelo y golpea a su hermana con todas las púas mientras aúlla colérica:
>
> —¡¡Mentira!!

Pía suelta el auricular, presa de dolor y de sordera por culpa del alarido fraternal. Sale lloriqueando en busca de su madre, que está preparando la cena. Inés, al intuir el golpe de logística de su hermana, da por zanjada la conversación telefónica y corre despavorida para dar alcance al enemigo antes de que llegue al objetivo materno. En la persecución dice:

—¡Hija de puta!

Llega a la cocina cuando Pía ya ha comenzado a pronunciar el discurso lastimero:

—Mamá, Inés está loca. Está loca de remate, te lo juro, deberías encerrarla en un manicomio.

—Ha sido ella, ella y nada más. Yo no he hecho nada. Ella es la que se dedica a difamarme, a ponerme en ridículo, a contar calumnias sobre mí. ¡La voy a matar!, ¡la matooo!

En el intento de aliviar el conflicto, algunos padres establecen normas o turnos en el uso del baño, el teléfono, la ropa, etc. Desde que sus hijos son pequeños, los progenitores marcan territorios que otro no puede franquear. Tales reglas, aunque útiles, son inaplicables en muchos aspectos de la vida de un adolescente, sobre todo cuando lo que pretenden es fastidiarse mutuamente o no tienen en consideración los derechos del otro. En este caso la intervención de los padres en las peleas entre hermanos (cuando no hay violencia física) suele ser un fracaso. En el instante en que el padre toma parte, la naturaleza de la pelea cambia de forma radical. Inmediatamente deja de importar el motivo que la desencadenó. Como por arte de magia los enemigos pierden interés en resolver el conflicto inicial. En cuanto el padre interviene, lo esencial para cada uno es conseguir que se ponga de su parte, que le dé la razón frente al otro.

—Yo no he hecho nada, te lo juro. Inés es la que me ha pegado y me ha perforado el tímpano. Creo que jamás podré ser una persona normal de oído por su culpa. Además, te ha llamado puta.

—¡Mentiraaaa!

—Sí que se lo has llamado. Se lo has llamado en el pasillo. Has dicho «hija de puta», que yo lo he oído perfectamente. Mamá, te juro que lo ha dicho, lo ha dicho...

Podrían continuar así el resto de su vida. La situación es delicada por varios motivos:

— *Primero*. La pelea provoca una tensión que contagia a todos, incluso a quienes no están directamente implicados en el lance.

— *Segundo*. El conflicto se ha enredado de tal manera que ya ninguno de los hermanos tiene razón.

— *Tercero*. Al padre se le pide, implora, exige que tome partido por uno en perjuicio del otro y casi siempre los padres tienden a defender al hermano pequeño antes que al mayor.

Por todas estas causas su actuación como juez simplemente no funciona. Cuando se pelean sin violencia física (lo que es corriente entre los varones adolescentes y requiere actuación inmediata de los padres), es mejor no intervenir, separarse, instar a los hermanos para que arreglen la disputa por su cuenta: «Inés y Pía. No quiero oír una palabra más.»

Muchas veces funciona. Los hermanos terminan estableciendo una tregua que no tiene por qué coincidir con la que hubieran deseado los padres, pero que permite el cese del conflicto. Otras veces, en cambio, continúan insistiendo y se las arreglan para enredar incluso la resolución más neutral.

—¿Y por qué me lo tienes que decir a mí primero? Siempre me estás echando la culpa de todo. Siempre dices «Inés» antes que «Pía». Sólo la mimas a ella. Yo te importo un bledo. Prefieres que me pudra antes que decir «Pía» primero...

SEGUNDA PARTE

La revolución interna del adolescente

IV. El adolescente y sus problemas

«ME TRATAN COMO A UN BEBÉ, ¡QUÉ ASCO!»

No es fácil dejar a los hijos solos frente a la aventura de la vida, sobre todo cuando ésta empieza a los 11 años de edad.

> —¡11 años! No pretenderá usted que deje a mi Paula a su aire con sólo 11 años. Ni lo sueñe. Si dejo de vigilarla, ¡no me quiero imaginar lo que pasaría! Es totalmente incapaz de funcionar sola. Pregunte por ahí y ya verá lo que le dicen.

Es muy fácil acostumbrarse a que nos quieran más que a nada en el mundo, nos necesiten y no sepan vivir sin nosotros. El único problema es que se trata de una mala costumbre, porque un día las criaturas *van* a marcharse de casa. Esta afirmación produce tal miedo en algunos padres, que se niegan a reconocerlo e insisten en intervenir en todo lo que concierne a la vida de sus hijos. Lo consideran imprescindible, absolutamente necesario; cuando, en realidad, lo necesario es dejar el terreno libre para que los niños aprendan a afrontar el azar del futuro. ¿Cuándo y cómo hacerlo?

A partir de los 10 años el ser humano evoluciona en cuatro áreas:

1. La motora (forma de actuar).
2. La afectiva (sentimientos y emociones).
3. La cognitiva (modo de pensar y conocer).
4. La física (el cuerpo y su forma definitiva).

Estas cuatro parcelas no son independientes, sino que interactúan y se interrelacionan para que el adolescente pueda llevar a cabo ciertas actividades, entre las que cabe destacar:

- Solucionar los problemas por sí mismo.
- Adquirir agilidad mental para acceder en el futuro a la independencia económica y a un trabajo profesional.
- Asimilar las oportunidades culturales que se le ofrecen.
- Sentirse motivado, capaz, útil, válido. Orientar su vida hacia un objetivo independiente y propio.
- Madurar en las relaciones sociales y sexuales.
- Saber lo que quiere y lo que le conviene.

La transformación no surge de pronto, como si fuera una palomita que estalla de repente a partir de un grano de maíz. El cambio está integrado por multitud de matices nuevos que se van asentando en la personalidad, pero lo hacen con tal ímpetu que los padres apenas tienen tiempo de reaccionar y digerirlos, de ahí que el trato con un adolescente sea tan complicado. Su cuerpo le pide ser como un adulto, pero emocionalmente no está preparado para atenerse a las consecuencias.

¿En qué se nota que el adolescente ya no es un niño?

El crecimiento intelectual

Empieza a razonar como un adulto. Es capaz de elaborar procesos mentales complejos que afectan a la atención, la percepción, la memoria, el aprendizaje, el pensamiento, el razonamiento, etc., lo que implica evolución intelectual, afectiva y de conducta.

El adolescente entiende conceptos complicados y puede abstraer. Cuando se le pide a un niño de 8 años que describa la palabra *generosidad* su respuesta puede ser: «Regalarle a Moleño mi Game Boy.» El adolescente, en cambio, sabe que la generosidad no se mide ni se cuantifica, la honestidad es algo más complicado que *decir la verdad* y la fe no tiene relación alguna con *ir a misa.*

Una de las características que demuestra el crecimiento intelectual del adolescente es la capacidad de anticiparse a los acontecimientos.

> —Mamá, el tío Pablo y su mujer se están divorciando, ¿verdad?
> —¿Dónde has oído eso?
> —Lo noto.

Su modo de entender la vida ya no se ciñe a lo que puede experimentar a través de los cinco sentidos: lo que toca, ve, etc. Ahora, al hacerse mayor, además es capaz de reflexionar sobre lo *posible* y de adivinar lo que piensan los demás: «Fulanito se cree superior.» «Zutana sabe que yo sé lo que ella sabe.»

Su existencia deja de moverse con los hilos del azar o los acontecimientos. Ahora él se hace dueño de su propia vida y aprende a manejarla según le conviene.

El cambio físico

Irrumpe una transformación física drástica que convierte a la niña en mujer, y más tarde al niño en hombre.

La sexualidad

En la adolescencia brota el impulso sexual y el funcionamiento del sistema reproductor. La atracción por el sexo opuesto domina la forma de actuar y comportarse.

La independencia

El adolescente necesita autonomía, sentirse fuerte, único, independiente. En la vida en el hogar cambia el trato hacia los padres, y también se transforma su territorio vital: el dormitorio. Se cierra con llave, pone música a todo volumen. Además, el intento de autonomía le hace construir un refugio privado tan caótico y desordenado como él mismo, una guarida que le ayude a salir de la niñez.

Los amigos

El joven desea pertenecer a un grupo social distinto del familiar. Al formar parte de él encuentra la seguridad que obtenía en los primeros años de relación en el hogar. Ahora quiere que los demás le consideren válido y aceptable.

La lucha por la autonomía

El adolescente utiliza el comportamiento para lograr el objetivo que se propone —«Usted se equivoca. Mi Fran, que tiene 12 años, no tiene ni idea de lo que quiere»—, aunque casi siempre lo hace fuera de casa. Por este motivo, los padres tienden a pensar que sigue siendo inmaduro, irresponsable, vago o incapaz. El hogar es el único lugar en el que aún se puede permitir ciertas formas de comportamiento dependiente e infantil. La relación e influencia de los padres es todavía muy fuerte y resulta bastante traumático romperla para ambas partes.

> —Mamá, ¿puedo salir con mis amigos después de cenar?
>
> —No, Julia. Mañana hay colegio y los días de colegio no puedes salir. Ya lo sabes.
>
> —Pero, mamá, por favor. Estaré de vuelta a las 10. Porfa, porfa.
>
> —Ya me has oído, Julia. No puedes salir entre semana.
>
> —¡Qué injusticia!, no hay derecho. ¿Por qué? ¿Por qué no puedo? A ver, dime, ¿por qué?
>
> —Julia, estoy empezando a enfadarme.
>
> —Yo soy la que me enfado. ¡Yo soy la que se tiene que quedar en casa!

Julia sale llorando y se mete en su cuarto tras un sonoro portazo. Sabía muy bien cuál iba a ser la respuesta de su madre. Es más: conocía exactamente cómo iba a terminar la escena; pero no le importa. Ella persigue algo más que salir con sus amigas esa noche. Según la madre, lo que Julia persigue es una buena torta. Se equivoca.

Si los padres quieren saber con exactitud cómo son sus hijos, si desean averiguar hasta qué punto han madurado y saben enfrentarse a la vida, la mejor forma de hacerlo es fijarse cómo se portan *fuera de casa*.

«¡NO PUEDO HACER LOS DEBERES PORQUE NO SÉ DÓNDE *HAS* PUESTO MI AGENDA!» (TRADUCCIÓN: AHORA QUIERO QUE ME TRATES COMO A UN BEBÉ)

¿Qué hacer? ¿Conviene dejar que busquen la agenda-cartera-cepillo de dientes-cubiertos-toalla... ellos solos, o, por el contrario, hay que doblegarse y acudir a la llamada de auxilio? ¿Tratar al adolescente como un adulto responsable o como un bebé indefenso?

Este dilema y otros parecidos acosan a multitud de madres que ostentan el glorioso título de «Soy imprescindible», pero que están deseando abdicar. La disyuntiva merece reflexión. Por un lado, la madre no tiene nada que ver con la agenda. No la maneja, la usa o ha sido ella quien la ha traído del colegio. Pero, dada su descomunal pericia en estos temas, sabe que con toda probabilidad la agenda estará en la cartera, porque es allí donde siempre la guarda su criatura antes de salir del colegio (cuando se acuerda de hacerlo). La madre entonces, con el fin de cooperar, puede decir: «Hijo, busca en la cartera.» Grave error. A pesar de la astucia demostrada con anterioridad, no ha sabido esquivar la trampa: «¿Y dónde *has* puesto la cartera?», espeta la criatura inmediatamente, mientras juega con la vídeo-consola. No tiene la más mínima intención de colaborar en la pesquisa de la tarea escolar. «La dejaste tirada en la entrada y allí sigue. Búscala», responde la madre, llena de vana esperanza. «No está, no la veo, y hasta que no la vea no me pidas que haga los deberes.» El dilema asalta de nuevo a la madre: «¿Me doblego o no?»

La solución a las dudas de la madre se halla en el más puro y genuino sentido común: *No hagas por tus hijos lo que ellos pueden hacer por sí mismos*. Fácil decirlo y difícil cumplirlo. En general, casi todos los padres, sobre todo las madres, tienden a buscar la cartera y luego regañan: «¡So gandul! ¡Haz los deberes ahora mismo!» A lo que el angelito puede responder: «No entiendo lo que hay que hacer. Tienes que ayudarme.»

La criatura intenta que el tiempo corra a su favor. «Si consigo discutir mucho, a lo mejor se olvida de que tengo que hacer los deberes.» Pero lo que sobre todo pretende es que el padre asuma toda la responsabilidad, que sea él quien se equivoque. El joven intenta descargar en su madre o padre el posible fracaso o el golpe de la adversidad: «Llego tarde al colegio, porque nunca me despiertas a tiempo.» «Como no me ayudas, no puedo estudiar para el examen.»

El adolescente juega a su conveniencia con el instinto de protección de los padres. Por eso, los jóvenes huyen de todo lo infantil como de la peste sólo cuando les interesa. En general, demandan autonomía con grito firme si quieren experimentar con «lo prohibido»; pero, en cambio, les conviene mucho ser un bebé indefenso e incapaz en lo que concierne a «lo obligatorio». Resulta llamativo lo fácilmente que caen los padres en la trampa:

- Despiertan al joven de 11 años, a pesar de que no está sordo y es perfectamente capaz de oír un despertador.
- Recuerdan al de 13 años, como si no supiera leer el reloj, qué hora es, para indicarle lo mucho que está tardando en hacer los deberes, que no ha llegado a la hora convenida o que se está pasando con la televisión.
- Contestan a preguntas en lugar de dejar que lo haga el bebé de 12 años, a pesar de que éste sabe hablar divinamente.
- Seleccionan, compran, recogen y lavan la ropa del bebé de 14 años, aunque el angelito es capaz de recorrer la ciudad de punta a punta para encontrar una camiseta gore *.
- Controlan los deberes o incluso los hacen. Ayudan a memorizar qué es un adverbio y qué un epíteto al incapaz bebé adolescente que, sin embargo, no tiene dificultad a la hora de aprender de memoria todas las canciones en inglés de Oasis *.
- Preparan el desayuno y la merienda. Le sirven la mesa. Le recogen los platos.

- Se convierten, sobre todo las madres, en «taxistas». El bebé de 14 años no sabe coger un autobús o un metro, ¡pobre!, pero al menor descuido conduce el coche a escondidas.
- Dan dinero extra, además de la paga semanal que dilapida instantáneamente, siempre que se lo piden y sin un motivo justificado.
- No solicitan colaboración en trabajos domésticos (recoger el cuarto o el baño, hacer la cama, poner el lavaplatos, etc.).

Los padres no tienen más remedio que dejar a los hijos a solas con sus propias tareas si quieren que aprendan a asumir responsabilidades, algo nada fácil, porque cuando los jóvenes se acostumbran a recibir un trato que roza el servilismo, hacen lo posible para que continúe:

1. La amenaza y el chantaje van a ser constantes durante un tiempo, y será frecuente escuchar frases como «Te importo un bledo»; «Es tu culpa»; «Esta vida es un asco», etc.
2. Las expectativas dejarán de cumplirse sistemáticamente mediante la palabra mágica «Paso» —«Paso a tope de ir al médico, de hacer los deberes, de recoger mi cuarto. Es que me la suda, lo juro»—, hasta conseguir que otra persona (adivine quién) no tenga más remedio que resolver el problema.

V. «¡¡Ssstoy fashion!!»* Gustos y preferencias del adolescente

Durante la adolescencia el joven sufre lo que los psicólogos denominan *crisis de identidad* en dos áreas:

1. *Consigo mismo*. Necesita encontrarse a sí mismo, ser independiente, sentirse capaz, válido, saber quién es y cuál es su papel en la sociedad.

2. *Con el entorno*. Rompe o suelta las ataduras del hogar, pone en tela de juicio el sistema de valores de los adultos que le han guiado hasta el momento. Explora el mundo exterior y adopta nuevas formas de pensar y sentir. Su atención se concentra en resaltar las diferencias respecto al niño infantil y dependiente que ha sido hasta ahora. Le gusta considerarse excepcional, único, original, diferente del resto de las personas; ser objeto de admiración y de ejemplo para sus amigos. Experimenta, juega y sobrestima sus posibilidades. Este afán de excepcionalidad provoca el lamento de los progenitores, su hijo se ha vuelto insufrible: le chifla la extravagancia; se coloca al borde del abismo, juega con lo peligroso; siente predilección por lo raro, en especial si escandaliza a los sufridos padres.

PRINCIPALES QUEJAS DE LOS PADRES

En líneas generales, las principales quejas de los padres en relación con el aspecto de los hijos son las siguientes:

- «Su vestuario es un desatino.»
- «Siempre está provocando.»
- «Le chifla la música atronadora.»
- «Se pasa el día encerrado en su cuarto.»
- «Siempre consigue enfadarme.»

«Su vestuario es un desatino»

El adolescente compra ropa carísima que parece hecha por un enemigo, se la pone al revés de como tiene que ser. El calzado es de tipo carnavalesco y el peinado puede resultar un poema multicolor. Los jóvenes detestan cualquier tipo de *uniforme* de los padres, pero buscan las mismas marcas de ropa que los demás y sienten predilección por idénticas extravagancias. Los chicos son capaces de dilapidar sus ahorros para adquirir un pantalón que no es de su talla o un jersey que parece tejido por un manco; las chicas, además, intercambian ropa o zapatos con sus amigas. Cuando llevan a casa algo nuevo no se les pasa por la cabeza estrenarlo inmediatamente. Primero se encierran en el cuarto, se ponen el modelo, se miran en el espejo con él, bailan, hacen muecas. Una vez visto el atuendo en todas las posturas posibles e imposibles, entonces, y sólo entonces, osan salir con él puesto. Cuando se encuentran atractivas, tardan bastante tiempo en cambiar el atavío. Pueden llevar el mismo pantalón hasta tres meses seguidos, aunque tengan otros en el armario.

—Mamá, ¿dónde está mi pantalón?

—Estaba roto, hija. Se te ve el trasero. Lo he cosido y ahora está en la lavadora.

—¿Te has vuelto loca o qué? ¡Coserlo! ¡Lavarlo! Te mato. ¡Nadie va a ir tan horrible como yo! Nadie. ¡Dios mío!

Además, las chicas son muy dadas a invadir el guardarropa ajeno, lo que suele desencadenar un sinfín de disputas entre los hermanos.

«Siempre está provocando»

El adolescente experimenta con el ingenio y la conducta insólita. Pretende marcar diferencias respecto a sus padres, hacerles notar que ya no es dócil ni domesticable; se rebela contra el sistema de valores de los adultos; su conducta se torna disconforme, incómoda, y se muestra arrogante y rebelde. Las costumbres, la familia, la sociedad, la religión y la moral son objeto de vapuleo y crítica. Sólo con esa actitud consigue comprender quién tiene razón y quién no. Adopta una postura de desconfianza y desprecio con lo que le dicen sus padres cuando atentan contra su independencia o cuando siguen tratándole como a un niño.

Constantemente el joven intenta demostrarse a sí mismo y a los demás de lo que es capaz. Desea gozar de sus hazañas; siente predilección por los deportes* de riesgo —el *puenting*, *snowboard*, etc.— y por todo lo que le hace sentirse al borde del abismo.

—Marta fue a una discoteca nueva en la que hay una piscina. Un tal Richi se dedicó a tirarla vestida al agua. Casi la ahoga, el condenado. Pero ella vino a casa ebria de felicidad. Llegó tarde y en moto, es decir, hizo todo lo que tiene prohibido. La trajo un desconocido, el Richi ése, lo que también tiene prohibido. Entró en casa sin zapatos, y con unos pantalones ridículos de no sé quién. Lo había pasado como en su vida.

«Le chifla la música atronadora»

La música constituye todo un culto a los sentidos, es su sistema de lenguaje preferido y los cantantes y los grupos representan ídolos sagrados. La música constituye la primera realidad cultural de la adolescencia, porque con ella vibra, se agita, espabila el letargo y el hastío. Conoce al dedillo la letra de mil canciones, los conciertos de cada grupo, las últimas grabaciones. Las casas de discos tienen en los adolescentes a su clientela más importante; la cuidan, la miman, ofrecen lanzamientos y nuevos estilos sin parar. El adolescente quizás no tenga idea de quién fue Rossini, pero muestra una pericia insólita a la hora de distinguir el *Power pop* del *hip-hop** y el *Dub* del *Doop*.

Entre sus gustos musicales escoge un tipo que no suele gustar a los padres, pero que le ayuda a alejarse de ellos y de toda disciplina impuesta por los adultos.

—Siempre anda con auriculares puestos y sale tanto ruido de ellos, que apuesto que ni siquiera oye lo que piensa.

Gracias a la música que disfruta a través de auriculares se aísla de lo que le resulta molesto en casa, que es casi todo. La música atronadora le calma, le hace olvidar las penas del quehacer cotidiano, le inyecta estímulo e ilusión. En las discotecas y los conciertos de *rock* vive como en un ritual intenso que algunos acompañan con drogas.

«Se pasa el día encerrado en su cuarto»

Cuando se aleja de los demás, se dedica al conocimiento de sí mismo. Se mira al espejo, lee a solas, juega con el ordenador, oye música, escribe. No admite interrupciones y es adicto al cerrojo.

El dormitorio es su refugio; le gusta adornarlo a su manera, con estilo propio; cubre las paredes con carteles y fotos de sus ídolos; y cambia los muebles de sitio, los pinta a su gusto.

> —Mamá, voy a pintar mi cuarto de negro. Lo vamos a hacer entre Luismi Contreras, Joseba García y yo. Puede quedar popelín flipón, con el póster de Marta Sánchez y el de Blur. Necesito que me des pasta para comprar mucha, mucha pintura. Vamos a pintar todo: muebles, techo, paredes... todo. ¿Entiendes? Queremos empezar ahora.
>
> —P... Pepe, hijo, ¿no te parece que el negro es un poco tétrico? No se verá ni torta.
>
> —¡¿Pero, qué dices?! A veces pareces boba. ¡Se pone una bombilla de 500 y arreglao!

Por regla general, el joven deja la ropa, los zapatos, los libros y el material deportivo *ordenados* según un criterio particular, que no coincide en absoluto con el de sus padres.

> —Moncho, recoge ahora mismo el cuarto.
>
> —Sstá recogido.
>
> —¿¿Sí??, y ¿dónde has metido el suelo?, ¡no lo encuentro!

Fusilaría a cualquiera que osara entrar en su habitación sin permiso previo; en cambio, él puede invadir el dormitorio ajeno con total impunidad, lo que llena de cólera a sus hermanos y provoca peleas entre ellos.

El dormitorio es un laboratorio de ensayo, donde practica conversaciones imaginarias, sueña con situaciones en las que le gustaría participar, examina formas de bailar que luego practicará en la discoteca, planea el sistema de acercamiento al grupo, al sexo contrario.

Cuando un adolescente se encierra en su cuarto, no lo hace sólo para aislarse del mundo, sino también para aparentar que es muy importante, para marcar un territorio propio, ser diferente, objeto de respeto por parte del resto de los familiares y hacerse el interesante.

«Siempre consigue enfadarme»

> —Desde que Mikel está en la edad del pavo no hago más que regañarle por lo que hace o deja de hacer, por lo que dice o cómo lo dice. Antes era un niño muy mono, de verdad, pero ahora no hay quien le aguante. Parece que lo hace a propósito, que quiere fastidiarme.

Las discusiones y los conflictos caseros son la pelota de ping-pong más habitual de las relaciones entre padres y adolescentes, la esencia que marca hasta qué punto los progenitores son hábiles y tienen mano izquierda en la capitanía de un barco que parece ir a la deriva. La tormenta puede comenzar de la forma más tonta, con una frase como «Mikel, por favor, ¿podrías sacar al perro?».

Cualquier tipo de demanda (sacar la basura, hacer los deberes, recoger el cuarto, llegar puntuales al colegio...) o prohibición es una ofensa para el adolescente.

> —¿Por qué siempre yo? ¿Por qué nunca se lo pides a Marta? ¡También el perro es suyo! Lo que pasa es que ella es tu favorita, siempre la tratas como una reina, siempre la fastidias menos que a mí...

El padre desea una cosa de su hijo: más colaboración, acatamiento de responsabilidades, etc., y el joven pretende otra muy distinta: que le dejen en paz. El padre intenta que él acepte un mandato, una orden o una derrota, trata de que no se salga con la suya; mientras que él, en cambio, se abanica con los nuevos aires de libertad.

CUADRO 4 PROVOCACIONES NORMALES DEL ADOLESCENTE
— Llamar la atención con el atuendo, el lenguaje o la forma no violenta de actuar. — Encerrarse en su cuarto; decorarlo a su gusto. — No hacer los deberes, mostrarse olvidadizo con las tareas y las obligaciones en casa. — Discutir con los padres, oponiéndose a los límites y las reglas. — Pelearse sin violencia física con los hermanos. — «Saltarse» alguna clase o escaparse un día del colegio con un grupo de amigos. — Escaparse alguna noche de casa sin que los padres lo sepan. — Cometer alguna infracción ocasional y sin violencia: conducir sin carné, colarse en una discoteca...

¿QUÉ PUEDEN HACER LOS PADRES?

A continuación expondremos las principales medidas que pueden tomar los padres ante las situaciones conflictivas:

1. Revisar las expectativas.
2. Descubrir lo que pretende.
3. Medir la eficacia de los sermones.
4. Dirigir de forma adecuada el comportamiento.

5. Esquivar las trampas.
6. Estar de acuerdo con el cónyuge.
7. Fomentar valores firmes.
8. Disfrutar también de lo bueno.

CUADRO 5

SEÑALES DE ALARMA. COMPORTAMIENTO A TRATAR POR UN ESPECIALISTA[1]

— Constantes violaciones de la ley con premeditación.
— Frecuente agresión contra toda norma escolar o contra los compañeros de la clase.
— Carácter explosivo, sin control. Agresividad exagerada o violencia contra los padres o los hermanos.
— Delirios de persecución (paranoia).
— Rencor o deseo de venganza sin motivo que lo justifique.
— Apatía, tristeza, abandono.
— Negación osbtinada de la realidad (si los padres están separados, insiste en contar a todo el mundo que no lo están, etc.).
— Atracones de comida o vómito inducido.
— Agresividad o provocación sexual desmesurada.
— Más de una fuga de casa o del colegio en un plazo de tres meses.
— Amenaza de suicidio.
— Contactos con una secta *peligrosa.*[2]
— Consumo frecuente de alcohol o drogas.

Revisar las expectativas

Todos los padres desean un logro concreto para sus hijos, tienen sueños y expectativas: apuntan a la niña a clases de ballet y

[1] Véase el capítulo XIII.

[2] Véase el apartado «Fomentar valores firmes» en este mismo capítulo y también el capítulo X.

enseñan al niño a tocar el violín; pretenden que su hijo sea un campeón deportivo, un estudiante de éxito. Algunos niños colman a los padres de satisfacciones en este sentido, pero, de pronto, al llegar a la adolescencia, cambian por completo.

—El pelo turquesa no es lo que más te favorece, hija. Pareces un muerto. ¿Cuánto dices que te ha costado el tinte de marras?

La niña, que tenía pinta de arquitecto, ahora ejerce de *punk*. El niño, que fue campeón de tenis, se ha convertido en *hacker**. No es malo hacerse ilusiones, soñar que los hijos superarán un objetivo que nosotros, sus padres, no pudimos lograr. Lo malo es imponer determinados intereses, gustos o metas, que quizá no coinciden con los que el joven puede o quiere alcanzar, y privarle de la oportunidad de experimentar terrenos que él mismo elige. Una cosa es decir a la hija con el pelo turquesa que le será difícil encontrar trabajo de *canguro* con esa pinta, pero que es ella la que decide cómo tiene que ganarse una propina; y otra muy distinta es decirle: «Te voy a llevar al manicomio» o «Te prefiero calva».

Por mucho que el padre se empeñe en tener un futuro ingeniero de caminos, quizá su hijo no pueda serlo jamás. Para triunfar como adulto, el joven necesita probar, aprender de los errores, entrenarse en la toma de decisiones y lidiar con la adversidad. La adolescencia le da una oportunidad de oro para experimentar. Cuando cumpla 22 años, ya no se podrá permitir semejante lujo.

Descubrir lo que pretende

La mayoría de las provocaciones de los adolescentes se orienta hacia una meta concreta que los padres no siempre descifran con acierto. En general, ésta se relaciona mucho con la *búsqueda de una identidad*: «¿Quién soy?» «¿Hacia dónde voy?» «¿Qué esperan los demás de mí?» «¿En qué aspectos de la vida soy fuerte o débil?», etc.

Como hemos dicho con anterioridad, el adolescente experimenta constantemente para conocerse a sí mismo y a los demás. En ocasiones lo consigue probando estilos de ropa, aficiones, amigos, etc.; otras veces explora mediante el desafío y el mal comportamiento. Mientras la actuación del joven no atente contra su propia seguridad o la de los demás es positivo que los padres se mantengan al margen o intenten comprender y escuchar. Pero si el comportamiento hiere los valores, ataca con maldad o viola los derechos y la seguridad de terceras personas, hay que actuar, o incluso pedir ayuda a un especialista.

Provocaciones normales

El objetivo del adolescente, sobre todo entre los 12 y los 16 años, puede ser de diversa índole: llamar la atención, demostrar independencia, llenar el vacío emocional, desafiar los límites en el hogar o lograr la admiración de los amigos.

Para reconocer cuál de estos objetivos persigue exactamente, conviene reflexionar sobre cómo responde el padre al ataque, en qué medida le duele o hasta qué punto le afecta. Asimismo, hay que tener en cuenta cómo reacciona el joven cuando el progenitor intenta corregir el mal comportamiento. Una vez localizado el objetivo real, se puede actuar con mayor eficacia. Los especialistas aseguran que la regla de oro para luchar contra el comportamiento negativo (cuando no es patológico) se desdobla en dos frentes:

1. Descubrir qué pretende el joven: averiguar cómo espera que el padre reaccione.
2. Evitar tal reacción, destruir la expectativa.

La música a todo volumen a través de unos auriculares, el pelo violeta, los anillos en la nariz, el tatuaje * en el brazo son un grito que reclama la atención de los demás y por lo general la consigue. Pero el aspecto negativo o positivo de este comportamiento afecta en exclusiva al joven; no atenta contra su propia seguridad ni contra los derechos de los demás. Otra cosa distinta es que interrumpa conversaciones que los padres mantienen con otras personas, haga caso omiso de lo que se le pide, fastidie sin tregua al hermano pequeño, ponga música atronadora que se oye por todas partes y que saca de quicio a los vecinos, etc.

> —Perico, baja el volumen de la tele, por favor. Estoy hablando por teléfono y no oigo bien.
>
> *Perico obedece unos minutos, al cabo de los cuales vuelve a subir el volumen del televisor.*
>
> —Perico, por favor, ¿puedes bajar la televisión?, ¡estoy hablando por teléfono! ¡Pericoooo!... Mira, Zutana, mi hijo Perico es inaguantable. ¡Esta juventud ha perdido el respeto! Te llamo en otro momento, ¿eh?
>
> *Luego, la madre va a ajustarle las cuentas a su hijo.*

¿Qué pretende Perico? Que su madre le haga caso a él y no a la persona con la que habla por teléfono. ¿Cómo se siente la madre? Frustrada, enfadada. ¿Qué hace? Dejar de hablar por teléfono y regañar a Perico, o lo que es igual, prestarle atención y ceder ante su demanda. ¿Cómo responde Perico a la reacción de su madre? Vuelve a repetir la provocación. ¿Qué sentimiento esconde el comportamiento de Perico?: «Sólo me siento importante cuando llamo la atención.» ¿Qué debería hacer su madre?: No ceder al chantaje ni doblegarse ante la demanda. Puede cambiarse de teléfono y continuar la conversación en otro lugar. Levantarse y apagar la tele sin decir una sola palabra y luego seguir hablando por teléfono, o si los nervios aguantan, continuar como si tal cosa. En definitiva, no prestar atención ante una provocación; pero, en cambio, estar alerta y ofrecer interés en la primera ocasión propicia, cuando el hijo no lo espere y muestre un comportamiento correcto y que no moleste a nadie.

Medir la eficacia de los sermones

> —Perico, eres el mayor egoísta que existe en el mundo. Pues entérate bien de una cosa: la gente te arrancará los ojos cuando te portes así con ella...

Perico se levanta del asiento y sale de la habitación musitando palabras ininteligibles, mientras su madre grita desesperada: «¡Vuelve ahora mismo aquí! ¡Escúchame mientras te hablo! ¡Pericooo!»

La madre de Perico asume de forma equivocada que su hijo va a cambiar de actitud tras el sermón, que comprenderá su error y pedirá perdón. Lo normal es que el adolescente utilice el sermón como excusa para no hacer lo que se le pide. Los chicos suelen abandonar la habitación y las chicas se embarcan en una dialéctica sin fin, pero en ambos casos intentan que las palabras de sus progenitores sobre las consecuencias del egoísmo, pereza o desidia les resbalen por el cuerpo sin penetrarlo y que el origen de la discusión quede sin resolverse.

El sermón suele otorgar a los padres una sensación de poder, de tener la última palabra, de enseñar una lección y les ayuda a sentirse mejor; pero con frecuencia no produce el efecto deseado. La mayoría de los sermones que se lanzan al aire durante la batalla caen en saco roto y, lo que es peor, distraen al padre del punto exacto de enfrentamiento: el egoísmo y sus consecuencias pasan a ser más importantes que el hecho de apagar la televisión (o hacer los deberes, recoger la mesa, etc.).

Otra cosa distinta y recomendable es hablar con los hijos de la importancia de las leyes de convivencia o del respeto a los demás cuando no hay tensión ni conflicto en el ambiente, cuando el padre no pretende corregir de forma inmediata la provocación del hijo.

Dirigir de forma adecuada el comportamiento

El conflicto que no se resuelve con tacto puede acarrear daño físico, fugas de casa, el divorcio de los padres o incluso tentativas de suicidio. Por eso es importante que los progenitores consigan amainar el motín con eficacia. Los especialistas ofrecen una receta infalible: mientras el hijo viva con sus padres, aunque discuta o se ponga muy incómodo, *no* debe salirse con la suya. Fácil decirlo y complicado hacerlo, porque no explican dónde entra el tacto en tan loable propósito. La clave del éxito se halla en guiar al hijo sin que lo note, exigirle sin que se sienta explotado, educarle sin ataques. Cuando el conflicto cotidiano se lidia con destreza, no deja heridas abiertas, al menos en el adolescente: los jóvenes suelen olvidar sus fechorías en cuestión de segundos.

—Mamá, ¿me das pasta? He quedado para ir al cine.

—¡Perico! ¿Qué acabas de decir?

—Que si me das pasta.

—¿Qué?

—¡Pasta!, ¡tela!, ¡clavel!, ¡pesetas!, que voy al cine.

—¿Cómo te atreves a pedirme dinero después de lo que me has hecho?

—¿Qué te he hecho?

—Te he pedido que bajes el volumen de la televisión...

—¡Ahh!, ¡eso!

Hay que apaciguar a la fiera sin doblegarse ante su capricho:

—Me ha dolido mucho tu comportamiento, Perico. Otras veces me siento orgullosa de ti. Pídeme dinero en ese momento y te lo daré entonces.

Sin embargo, resulta llamativo lo fácilmente que los padres pueden caer en la trampa que les tiende el instinto de protección.

—Pobrecillo. ¡Sólo estaba reclamando atención! ¿Cómo le voy a dejar sin ir al cine?

Cuando observan este comportamiento en otro sufrido padre, tienen muy claro que lo correcto es no ceder. Los padres conocen la teoría al dedillo: debemos mantenernos firmes en la idea inicial y no dejar que nos manipule. Se trata de conseguir que el adolescente egoísta, perezoso, insurrecto cumpla con su obligación; no hay que embarcarse en una discusión sin fin, etc.; pero les resulta muy difícil llevarlo a la práctica por culpa de las trampas que el «angelito» les tiende sin tregua.

Esquivar las trampas

Las trampas no son el resultado de una maquinación premeditada. Casi siempre surgen de forma espontánea, pero demuestran una eficacia insólita. La razón es que el adolescente conoce a la perfección dónde se halla el pie de barro de sus padres y al menor atisbo de flaqueza o síntoma de vulnerabilidad lanza el dardo más puntiagudo, la palabra más efectiva de cuantas hay en el idioma para conseguir su objetivo: salirse con la suya.

La lista de trampas es tan amplia como recursos tiene el adolescente, que son muchos, y entre las más habituales, cabe destacar las siguientes:

«¡Y a mí, qué!»

> —Mikel, estoy harta de ocuparme del perro. Hicimos un trato, recuerda. Yo no quería perro y soy la que cargo con él. Se lo voy a regalar al primero que lo quiera.
>
> —¡Y a mí, qué. Me importa un bledo!

Ante tal edicto, los padres se quedan desprovistos de todo argumento. Pueden esbozar un segundo intento:

> —¿Ah, te da igual, eh? Bien, lo tendré en cuenta...
>
> — Pssse. ¡Y a mí, qué!

Pero el chico está mintiendo. En absoluto *le importa un bledo*. Su perro le importa mucho. Lo que ocurre es que no le apetece sacarlo de paseo cuando está viendo la televisión, que es justo cuando hay que pasearlo. En este caso la madre no debe responder al primer «Y a mí, qué». Tras oírlo, ha de llevar a cabo su amenaza en presencia del hijo: hacer que llama al veterinario, «Quiero pedir hora para sacrificar a un perro», a un vecino que busca compañía canina, etc.

«¡Te odio, me amargas la vida!», «¡Y una mierda!»...

El insulto, la palabra malsonante o el ataque verbal es uno de los recursos más eficaces que suele utilizar el adolescente impulsivo o carente de imaginación para artimañas más sutiles.

Veamos lo que acabamos de decir en el ejemplo de la madre de Tania, que está deseando zanjar de una vez por todas el asunto de las botas que su hija quiere comprar:

> —Tania. No voy a decir una palabra más. No. No hay botas nuevas. Ya está.
>
> —Eres la madre más racasquerosamierdera de toda España.
>
> —¿Qué? ¿Qué has dicho? ¿Qué acabo de oír?...

A pesar de las intenciones de la madre, la hija quiere prolongar la discusión, hacer que cambie su curso, separar la disputa del objetivo inicial hasta que su madre quede exhausta, lívida de estupor o carente de toda resistencia.

«Me escaparé»

La frase «Me escaparé» suele ser la fórmula preferida del adolescente para atacar el límite horario en las salidas.

> —Josema, ya lo hemos discutido. Lo sabes perfectamente. *No puedes salir* entre semana.
>
> —Lo pienso hacer. Pienso salir mañana mismo. Me escaparé.

El joven pretende un trato, quiere regatear. Ante tal amenaza los padres no deben decir una sola palabra más. Sólo hay que actuar cuando desobedezca.

«Luego lo haré»

—Mikel, el perro. Lo de siempre.

—Sí, mamá. Luego lo saco, ¿eh?

Una promesa que, por supuesto, no pretende cumplir en absoluto. Deja pasar todo el tiempo posible, cuanto más mejor, hasta que otra persona no tenga más remedio que solucionar la falta, porque el adolescente está en el colegio o con sus amigos.

«Siempre me estáis criticando»

—La verdad, hija, el pelo turquesa no es lo tuyo. Estás ridícula.

—¡Siempre me estás criticando! Te parezco estúpida. Te avergüenzas de mí.

Las chicas aderezan el comentario con lágrimas con el simple objetivo de ablandar el corazón de los padres. Algunos adolescentes utilizan la aparente tristeza, el sentimiento de inferioridad o la falta de autoestima sólo para acaparar la atención de los progenitores y esquivar las responsabilidades que empiezan a tener como adultos. Se trata de un arma eficaz, porque se disfraza de auténtica depresión. [3]

—¡Me parte el alma que diga esas cosas! ¿Y si se suicida o algo por el estilo?

Una auténtica depresión se detecta cuando el joven llora sin motivo aparente, a cualquier hora o lugar, y no sólo cuando se le hace un comentario que no le apetece oír o se le pide que haga alguna cosa. El deprimido no tiene ánimo ni alegría, aun cuando debería tenerlos. No desea salir con amigos, ni hacer

[3] Véase el capítulo XIV, el apartado «Depresión y suicidio».

cosas con las que siempre disfrutó. Para averiguar hasta qué punto es cierta la falta de autoestima, conviene escoger un momento de tranquilidad en el que no se haya discutido ni exista motivo para hacerlo. Entonces preguntarle: «¿De verdad piensas que eres estúpida? ¿Crees que opino que no vales para nada?» Si responde que *Sí*, hay que tomarla en serio. Si por el contrario contesta que *No*, suele tratarse de un episodio de disgusto transitorio.

Estar de acuerdo con el cónyuge

En ocasiones el joven intenta lograr su objetivo enfrentando a sus padres entre sí. El recurso es especialmente útil en todo lo que concierne a la disciplina que se le impone o a los trabajos que no le apetece hacer.

> —Mamá, ¿puedes llevarme a la puerta del cine? He quedado con X y con Y.
>
> —No, Julia. Ya sabes que no puedes salir entre semana.
>
> —¡Ya he terminado los deberes!
>
> —Julia. No pienso discutirlo más.
>
> —¡Mier-da. Mierda, mierda, mierda...!

Media hora más tarde el padre de Julia vuelve de la calle. Su esposa, asombrada, le pregunta:

> —¿De dónde vienes?
>
> —He ido a llevar a Julia al cine.
>
> —¿¿¿Quééé???
>
> —Que he llevado a Julia al cine. Había quedado con unos amigos.
>
> —¡Pero tú te has vuelto loco o qué! Deberías preguntar antes de tomar una decisión por tu cuenta.
>
> —Oye, oye, no te pongas histérica...

Cuando un hijo es la causa de un conflicto entre los padres, éste casi nunca salpica al hijo. El desacuerdo de los progenitores crea un clima de tensión entre ellos dos y desvía el verdadero motivo de la disputa (que Julia les ha engañado) hacia un callejón plagado de insultos o de rencor. Algo más grave todavía es llevar la contraria al otro en presencia de los hijos. «Tu madre/padre no tiene razón. En cambio, puedes contar con mi ayuda. Yo soy razonable.» El mensaje que reciben les infunde resentimiento y descrédito hacia ambos padres.

El único motivo por el que se ha de intervenir en contra del cónyuge es la pérdida de los estribos por parte de éste hasta el punto de que llega a pegar, atacar o insultar al hijo hasta poner en peligro su equilibrio emocional. Aun en este caso, el padre que se entromete debe extremar las precauciones para no juzgar al agresor delante del hijo: «Tu madre/padre está loca/o. No sabe lo que dice.» No conviene exasperar todavía más al cónyuge iracundo, sino zanjar el brote de violencia, hacer que se disuelva y que las aguas vuelvan a su cauce antes de tomar una decisión final.

En la tarea de educar a los hijos reconforta mucho saberse apoyado por el otro. Los padres necesitan infundirse ánimos mutuamente, saber que, aunque cometen errores, también son dignos de halago por sus éxitos paternales. Necesitan apoyo, no críticas. Una buena medida consiste en intercambiar opiniones en privado —«Creo que no tienes mano izquierda con Julia. Intenta hablar con ella, hacer que razone...», etc.

Esto suena convincente y, sin embargo, nos suele gustar poco que nuestro cónyuge sepa más que nosotros y nos diga lo que tenemos o no que hacer en el trato con los hijos.

Fomentar valores firmes

El adolescente fluctúa y se debate una y otra vez entre la irresistible atracción por los demás (fuera de la familia) y el miedo atroz a no ser deseable ni admisible. Por este motivo necesita modelos que imitar, héroes triunfadores que actúen como norma de acción. Sin embargo, la sociedad actual no cultiva valores y carece de líderes genuinos en quienes mirarse. Muchos jóvenes pretenden hallar un modelo en los héroes y las heroínas del cine, la televisión y el mundo de la imagen, donde impera el culto a la inmediatez; como si todo en la vida fuera café instantáneo.

Es responsabilidad de los padres proporcionar un estilo de vida que no carezca de principios, en el que los ídolos se hallen lejos de ser efímeros, blandos o pasajeros. De lo contrario, en el intento desesperado de vislumbrar un sendero que les guíe, los adolescentes desprovistos de una familia sólida en valores sucumben con facilidad ante un sucedáneo mágico que alimente el anhelo de experimentar con un antídoto para la soledad, la desesperación, el temor, el aburrimiento, la desorientación, etc. Así, con el fin de espabilar el desasosiego, pueden caer en las redes de las bandas (grupos de ataque), las drogas o las sectas peligrosas.[4]

En este libro se ha omitido un capítulo dedicado específicamente a las sectas peligrosas, ya que, en general, éstas toman inmensas precauciones para captar a un menor de edad a expensas de sus padres, aunque preparan un sofisticado entramado para mentalizar al joven en favor de una determinada ideología e intentan reducir sus posibilidades de autonomía en

[4] El lector encontrará información sobre las drogas y los grupos de ataque en los capítulos XII y XIII.

CUADRO 6

SIGNIFICADO DEL SENTIDO DE LA VIDA EN LAS ETAPAS DE LA ADOLESCENCIA

Preadolescencia

El joven acata el sistema de valores y creencias de la familia. No busca todavía contradicciones en las reglas morales, los aspectos religiosos, la muerte...

Pubertad

El cambio temperamental y la búsqueda de una separación psicológica de los padres le hace dudar por primera vez de los valores y las creencias que ellos sostienen.

Adolescencia media

Defiende un sistema de valores diferente al de sus padres. Discrepa con los principios morales, la autoridad paterna o escolar, y pone en tela de juicio lo que concierne a la religión que practica su familia. El diálogo con sus padres sobre estos temas suele ser motivo de conflicto.

Adolescencia tardía

Experimenta otras religiones, valores y creencias. En la familia se muestra provocador, mantiene acaloradas discusiones acerca de la *verdad* que él cree haber encontrado y el *engaño* en el que viven sus padres.

Postadolescencia

A medida que el joven madura, la influencia de los padres —que nunca dejó de existir del todo— vuelve a tomar fuerza. El postadolescente suele respetar las creencias familiares y su sistema de valores, aunque no los comparta. Se puede dialogar con él. Las discusiones acaloradas y radicales desaparecen.

el futuro con el fin de garantizarse la adhesión cuando el adolescente alcance la mayoría de edad.

Hay sectas inocuas y otras muy perjudiciales, no tanto por la carga ideológica que inculcan en el elegido como por el método que utilizan para ello. Las sectas peligrosas, ya sean de orden religioso, político, esotérico, ufológico, ocultista, etc., ofrecen un suculento combustible a quienes sufren de flaqueza en el ánimo, extravío o desilusión. En este sentido, la adolescencia tardía es el periodo más propicio para caer en las redes de una secta de este tipo. Sin embargo, para que esto ocurra tienen que darse en la vida del joven una serie de circunstancias que le hagan vulnerable al embrujo sectario, entre las que cabe destacar las que se señalan a continuación.

— Pertenecer a una familia rota, despreocupada o carente de valores firmes. La ausencia de una estructura familiar sólida sumerge al joven en un estado de aislamiento, angustia, inseguridad, vacío o inmadurez.

— No haber aprendido a afrontar ni resolver problemas.

— Haber sido víctima de maltrato físico, psíquico o de abuso sexual.

— Tener un carácter patológicamente tímido o presentar gran dificultad de relación con otras personas de su edad.

— Drogarse. Algunas sectas se proclaman curativas, ofrecen programas de desintoxicación o, por el contrario, utilizan drogas como vehículo para estar cerca del más allá, acceder al mensaje del salvador, etc.

— Creer en espíritus, fantasmas, extraterrestres, etc.

— Sentir especial afición por los estados de trance, las alteraciones del estado de conciencia, la hipnosis, los viajes astrales, etc.

— Tender al idealismo ingenuo, perseguir un modo de vida utópico que supuestamente ofrece la secta.

— Hallarse en un estado de gran estrés o de intenso vacío emocional.

Es muy importante tener en cuenta que nadie entra en una secta para sufrir más de lo que sufría antes de entrar en ella, de aquí que algunos cambios de comportamiento, aunque inducidos por la secta, ayudan al sujeto a ser (o a creerse) más feliz. El mejor antídoto contra el vacío emocional que precipita a los jóvenes a buscar vías de escape es poseer una consolidación de valores firmes y un clima familiar sano.

Disfrutar también de lo bueno

No todo es malo en la adolescencia; por el contrario, hay mucho de bueno en la gente joven: empuje, ilusión, arrojo, belleza, fuerza, espontaneidad, etc. De nada sirve pedir, exigir o encomendar si los padres a cambio y en compensación no aprovechan cualquier oportunidad para estimular al joven, hacerle notar que es interesante, prestar atención a lo que dice, reírse con él y disfrutar de los pequeños detalles que de vez en cuando sacan a la luz. A veces, en el intento de domesticar el carácter, corregir o educar olvidamos que en realidad el verdadero amor es ponerse al servicio de los valores de otro para que éstos salgan a la luz y se desarrollen; aunque en ocasiones sea difícil descubrirlos entre tanto pelo de color turquesa o tras unos auriculares que escupen decibelios infernales.

VI. La tiranía del cuerpo

—Paso todo el tiempo, cada día, minuto o segundo creyendo que voy a conseguir el cuerpo perfecto, un cuerpo que, según mis padres, no existe y que me está matando.

La transformación corporal ayuda al adolescente a forjarse una imagen de sí mismo, motivo por el que pasa largas horas en el cuarto de baño, donde inspecciona minuciosamente cada nuevo atributo que brota como por ensalmo: senos, vello púbico, cambio de voz, menstruación, etc. Hay quien se fascina con el aspecto insólito que van adquiriendo los hombros, la nariz, las manos, las piernas, las caderas, el pecho o los pies; pero la mayoría de los chicos y las chicas quedan atónitos, preocupados o insatisfechos con la metamorfosis, que interpretan como una deformación física de la que se avergüenzan. [1]

—Soy fea.
—No, hija, no eres fea.
—Sí, mira. Se me ha puesto el culo gordo.
—Yo creo que estás bien.

[1] J. de Ajuriaguerra, en su libro *Manual de psiquiatría infantil* (Masson, Barcelona, 1991), propone la palabra *dismorfestesia* para definir la obsesión por el cuerpo que, en términos negativos, presentan muchos adolescentes cuando empiezan a ser conscientes del cambio corporal.

—Es que no miras donde yo te digo. Aquí, ¿lo ves?
—No veo nada raro, querida, ya te lo he dicho.
—Mamá, ¿estás ciega? Tengo el culo gordo. Soy fea.

Junto a la mutación corporal, en el adolescente se desata una batalla de sentimientos contradictorios y enormemente inquietantes que provocan dos tipos de actitudes:

1. Brota cierto temor a la pérdida del cuerpo infantil, ahora que ya, ¡por fin!, se controlaba sin problemas; surge el pavor a que se haga excesivamente evidente su nueva identidad sexual (las chicas se tapan el pecho cuando cargan los libros de estudio), el horror a ser distinto de los demás, el espanto a desarrollarse en exceso. El adolescente suele padecer el síndrome del «demasiado»: ser demasiado alto, estar demasiado gorda, tener la nariz demasiado grande, estar demasiado feo o fea, tener demasiados granos en la cara... y todo esto le produce pánico al rechazo social; a ser objeto de irrisión o burla.
2. El chico y la chica se alegran de ser definitivamente masculino o femenina, se deleitan en la curiosidad, en la inspección de su nueva identidad genital que le permite ser adulto, independiente, distinto, único.

—Mamá. ¿Sabes?, Marina ¡*tiene la regla*!
—Pues a ti ya te falta poco. ¿Qué te parece?
—Ay, no sé. Me da un poco de cosa. Bueno, sí, igual mola.

En semejante vorágine de miedos y descubrimientos, de reajuste corporal y psicológico, es normal que la víctima adolescente se muestre irritable, rebelde, aturdida. Se trata de un mecanismo defensivo característico del desarrollo puberal a través del cual la chica o el chico se desvincula de los padres. Por este motivo, sólo si las experiencias tempranas han sido positivas, el adolescente encuentra la fuerza y base necesaria para afrontar el sentimiento de vacío, de temor o desasosiego que acompaña la ruptura de las primeras identificaciones paternas, y permiten al joven irrumpir con mejores ánimos en la valoración de sí mismo a través de los cambios de su cuerpo.

EL ACNÉ

—Mamá, hoy no voy al colegio.

—¿Qué acabas de decir, Rosi?

—Que no voy al colegio. Estoy enferma.

—No estás enferma, Rosi. No estás enferma en absoluto.

—Bueno, ya, quiero decir que tengo un grano. Un grano enorme. Aquí, en medio de la cara. Mira.

—Yo no te lo noto, niña. No me parece que sea para tanto.

—Pues lo tengo. Se ve muchísimo. Tú no lo ves porque eres mi madre pero el resto de la gente me lo va a notar.

—Insisto: Nadie verá nada. Vas a llegar tarde al colegio, Rosi.

—No, mamá. Ya te he dicho que no voy a ir. No pienso ir. ¡Tengo un grano!

Muchas personas creen que el acné es inevitable en la adolescencia y no le dan demasiada importancia a la inmensa preocupación que un grano produce en quien lo lleva puesto en medio del rostro.

—Rosi, te lo aseguro, te cambiaría *Ya* tu acné por mis canas.

—No te preocupes si nadie quiere salir contigo por esos granos. Yo te encuentro muy guapa.

Para quien lo padece, el acné es una fuente de intensa frustración y vergüenza. Toda su atención se centra en ese grano que brota como un inmenso volcán en erupción. El resto importa poco: el pelo bonito, el cuerpo armónico o la inteligencia sagaz. El grano, los granos, el acné se vuelve fundamental.

El *acné* es una *infección de las glándulas sebáceas de la piel que afecta sobre todo al rostro*, y en especial a la zona de la frente, la barbilla y las mejillas, aunque también puede aparecer en el cuello, los hombros y la espalda. La piel se inflama en un determinado punto y surge un grano con pus. En cualquier caso, precisa atención y cuidados especiales.

Tópicos que circulan entre los adolescentes sobre el acné

- «Si no te lavas, se te llena la cara de granos.»

El acné se desarrolla *dentro* de la piel; por tanto, no tiene relación alguna con el hecho de lavarse.

- «Si comes comida-basura, se te llena la cara de granos.»
- «Fulanito tiene acné, porque todo el día está "apretando"'. Algunos chicos dicen que uno tiene acné cuando se masturba *demasiado*. Otros, por el contrario, aseguran que se te llena la cara de acné cuando "no lo haces nunca".»

Hasta la fecha no existe ningún tratamiento preventivo contra el acné, pero se puede controlar mediante jabones específicos de venta en farmacias. Cuando la infección es demasiado fuerte, hay que acudir al dermatólogo, porque, de no tratarlo bien y a tiempo, el acné deja marcas en el rostro y también en la autoestima del que lo padece.

EL CULTO AL CUERPO: EL CHICO QUIERE SER COMO UN TORO; LA CHICA NO QUIERE SER COMO UNA VACA

A pesar del intento de educar al niño y a la niña en igualdad de condiciones, todavía hoy se fomentan importantes diferencias entre ambos sexos. Una de ellas se centra en la valoración de masculinidad o feminidad según los atributos más o menos acordes con lo que la sociedad establece respecto a lo que debe tener un hombre que se precie: «Fulanito es el que mejores notas saca y también el más deportista del colegio. Flipa salir con él», y cómo ha de ser la mujer perfecta: «¿Que qué es lo que más me chola de una chica?, que esté maciza y que sea simpática.» Quizá por este motivo a los chicos, ya desde la más temprana edad, se les exige triunfo académico y deportivo:

> —Mikel, hijo, la próxima vez que quieras ganar recuerda: ¡Hay que morder el aire! Has quedado el último, porque no se puede ir como de paseo...
>
> —¡Pero papá!, ¡si he conseguido terminar la vuelta al campo de deportes!
>
> —No es suficiente, hijo, no es suficiente...

Sin embargo, la imagen femenina está estrechamente ligada a un correcto aspecto físico y relega el nivel intelectual a un segundo plano.

> —¿Qué tal tu nueva profesora de química?
>
> —¡Es un feto...!, como descuadrada, ¿sabes?

Nuestra sociedad avanzada y progresista impone una estética para el hombre: ser como un toro; y otra para la mujer: no ser como una vaca. Los que por suerte poseen tan loables características, parecen tener mayor probabilidad de éxito en la relación con el sexo opuesto y con el grupo de amigos.

Continuamente se nos recalca que *gordura* es sinónimo de *descuido*, *pereza*, *descontrol*, *enfermedad* y *fealdad*. El culto al deporte está especialmente presente en la adolescencia masculina, donde los chicos intentan demostrar su virilidad a través de la forma física, el juego competitivo, el alto rendimiento, del riesgo. En cambio, la chica moderna tiene obligación de ser atractiva, o al menos de intentarlo.

> —¿Te has fijado en los mofletes tan gordos que tiene Mamen?
>
> —Sí, tía. Ayer me estuve fijando en clase. No me había dado cuenta hasta ayer.
>
> —¡Parece un hámster!
>
> —Si yo fuera ella, me operaría.

A medida que la sociedad avanza, se libera y progresa, las normas de belleza se vuelven cada vez más exigentes y difíciles de alcanzar. El supuesto atractivo femenino según los cánones vigentes raya en lo esquelético. Pero, para hacer más difícil la proeza, la extrema delgadez ha de aderezarse con abundancia en el busto. Así, la chica de hoy aspira a ser una especie de esqueleto con un buen par de razones que hagan notorio que se trata de una mujer.

El cuerpo imposible

Para la mayoría de los adolescentes estar de acuerdo con su cuerpo significa estarlo consigo mismo; sentirse seguro frente a los demás, no tener miedo a ser rechazado, creerse atractivo para el sexo opuesto. Pero, en general, se gustan poco. Son extremadamente sensibles a la opinión de los demás, a sus elogios o denuestos, hasta tal punto que la actitud de otras personas orienta la valoración positiva o negativa que el adolescente tiene sobre sí mismo.

—Mamá, ¿cuál me pongo?
—Ponte el negro, te hará más delgada.
—Es que me gusta más el de rayas.
—Allá tú. Las rayas horizontales te hacen más gorda todavía.

—Tranquilo, hijo, no te preocupes por esa nariz tan grande que tienes. Lo único que pasa es que todavía no te ha crecido el resto de la cara, pero pronto te crecerá y serás un chico normal; como todo el mundo, quiero decir...

La moda, la publicidad, el cine y la televisión sugieren un estereotipo corporal al que todos aspiran. En este sentido, la chica lo tiene más complicado, porque el patrón que ha de seguir se lo imponen desde la niñez. La muñeca con la que se jugaba antaño ha dado paso a otra que no representa a un bebé, ni tampoco a otra niña o niño, sino a una impresionante adolescente llamada Barbie, y que es dueña de todos los atributos que cualquier chica desearía tener.

Algunas chicas, cuando llegan a la adolescencia, comienzan a preocuparse de forma obsesiva por la nueva apariencia que empieza a adquirir su cuerpo. Se ven *deformes*; sus muslos les parecen fláccidos, las nalgas enormes o *caídas* y las caderas o la tripa abultadas en exceso. Llegan a convencerse de que si arreglan los defectos, si consiguen acercarse más al modelo ideal, seguro que serán más felices; y para lograrlo parece imprescindible controlar drásticamente lo que se come y también practicar un ejercicio físico agotador.

La industria de consumo se ha percatado del filón económico tan goloso que ofrecen las adolescentes y su preocupación por la forma de su cuerpo. Así, desde hace unos años el mercado rebosa de productos para perder peso; casi todas las revistas femeninas, libros, farmacias, o tiendas venden *el régimen perfecto* que al año siguiente es suplantado por otro nuevo más eficaz, indoloro y fácil de hacer.

A pesar de que los médicos se cansan de denunciar y advertir sobre los peligros de tales dietas para la salud física y mental, las adolescentes hacen caso omiso y experimentan con los alimentos, al igual que lo pueden hacer con la ropa o el estilo de peinado.

Marta, 16 años, con una amiga

—¡Ay, tía! No comas eso delante mío, porfa, porfa, ni se te ocurra...

—¿Por lo del régimen?

—Jo, es que hoy es el cuarto día. Lo he leído en el Super Joven. Sólo se puede comer plátano. ¡Adelgaza un montón!

— ¡Plátano! ¡Qué asco!

— Pues qué pena, porque a ti también te convenía ponerte a régimen. Tienes los muslos gordos.

—Ya, es que como muchas pipas.

—¡Claro! Las pipas se van a los muslos, tronca. ¿A quién se le ocurre?

El flirteo sin control con todo tipo de regímenes suele empezar entre los 13 y los 16 años y en algunas chicas termina ocasionando un comportamiento anormal, compulsivo, obsesionante respecto a la comida. Hay casos en los que la restricción dietética se alterna con excesos alimenticios, por lo que desencadena una bulimia. Otras veces, las jóvenes deciden matarse de hambre en la búsqueda ilusoria de la delgadez extrema; se niegan a comer, no porque carezcan de apetito, sino porque el deseo de estar delgadas hasta la demacración les inyecta un pavor despiadado a perder el control sobre la cantidad de alimentos que ingieren.

—¿Quieres una galleta?

—¡No! Si muerdo una galleta, termino comiéndome la caja entera.

—¡Pero si llevas no sé cuántos días tomando sólo manzanas!

—Es que no quiero seguir como una foca.

—Pues yo te veo escuálida.

—No, mira aquí (se agarra un pellejo de la tripa). Me sobra grasa por todas partes.

Cuando la chica llega a este extremo, suele padecer ya una anorexia nerviosa.

LA ANOREXIA NERVIOSA: MATARSE DE HAMBRE

A. M., 15 años, anoréxica en tratamiento

—En el colegio todas mis amigas hacían régimen. Pero mi madre me prohibía hacer régimen, porque decía que todo eso eran tonterías y me ponía un montón de comida en el plato. Así que decidí fingir que no tenía hambre, que todo me sentaba mal, que no podía digerir...

La *anorexia mental* o nerviosa es un *trastorno psiquiátrico grave* que afecta a una joven entre cada doscientas[2] y que se caracteriza por el rechazo de la comida hasta llegar a la inanición.

[2] Según un dato de J. A. Vallejo-Nágera, *Conócete a ti mismo. Los grandes problemas psicológicos de nuetro tiempo*, Temas de Hoy, Madrid, 1991, pág. 91.

Aunque hay casos más tardíos, la anorexia suele afectar a chicas cuya edad se halla entre la pubertad y la adolescencia. Estas muchachas no están conformes con su imagen corporal, aseguran poseer un cuerpo más ancho, gordo y fofo de lo que es en realidad, y comienzan a jugar con dietas para adelgazar sin un control médico adecuado. Aunque la percepción sobre sí mismas es exagerada, emiten juicios bastante fidedignos sobre el aspecto físico de otras mujeres.

La anoréxica tiende a evaluar partes aisladas de su cuerpo cuando se mira al espejo en lugar de valorarlo en su conjunto, (el 65 por ciento de las adolescentes *odia* sus muslos, mientras que el resto del cuerpo les parece bien) [3]. Poco a poco la joven reduce la ingestión de alimentos, en especial los ricos en carbohidratos y grasas (pasteles, pan, azúcar, patatas, etc.), y asegura que no tolera los demás. Llega un momento en que deja absolutamente de comer, por lo que en casos avanzados, la anorexia puede producir la muerte.

Cuando la delgadez llega a un punto alarmante, la familia suele obligarlas a ingerir alimentos, entonces la joven recurre a todo tipo de engaño para evitar la comida: simula haber almorzado, manosea los alimentos, los esconde en la servilleta o en los bolsillos de la ropa, pela la fruta de manera que junto a la cáscara se va la mitad de la pulpa, etc.

El 60 por ciento de las anoréxicas se limitan a negarse a comer; otras van más lejos, en especial cuando la familia insiste en obligarlas o cuando el hambre atroz las embiste y sucumben ante un atracón (episodio bulímico). La anoréxica *tiene mucha hambre*, aunque se empeñe en negarlo, de ahí su miedo a perder el control sobre lo que ingiere. Tras la ingestión corre al

[3] S. Abraham y D. Llewellyn, *Anorexia y bulimia. Desórdenes alimenticios*, Alianza Editorial, Madrid, 1994, pág. 18.

cuarto de baño y vomita (en los casos de episodios bulímicos pueden llegar a vomitar hasta diez veces) [4]. Usan y abusan de laxantes, diuréticos y del ejercicio gimnástico exhaustivo. La enferma, a pesar de su demacración, suele desplegar una actividad física frenética «para perder las calorías» que ha ingerido. Pasa mucho tiempo en el gimnasio, camina durante horas y cuando la familia lo impide, hace flexiones, abdominales, etc., en mitad de la noche y a escondidas.

Algunas de las características de una anoréxica en estado avanzado son las que pasamos a enumerar a continuación:

- Se vuelve irritable, depresiva, ansiosa y obsesiva.
- Su piel adquiere un aspecto macilento, seco, plagado de grietas.
- Las mejillas, la espalda, los antebrazos y los muslos se cubren de un vello característico llamado *lanugo*, lo que le hace aparentar bastantes más años de los que tiene.
- El cabello se le cae o se vuelve quebradizo y sin brillo.
- Puede presentar cambios en la coloración de la piel y abundantes edemas periféricos.
- Deja de tener la regla (amenorrea), lo que en los primeros meses interpreta como «un alivio». Es muy sensible al frío y al calor, sus pies y manos están siempre gélidos y tienen un tono azulado o amarillo.
- El esmalte de los dientes se descompone, en especial cuando la anoréxica es adicta al vómito inducido.

En definitiva, la comida controla su vida, es más importante que ninguna otra cosa, incluidas las relaciones sociales. Sin embargo, se mantiene su ágil actividad intelectual y no decae el rendimiento escolar o profesional.

[4] *Id. ibíd.*, pág. 84.

Resulta curioso que, pese a concentrar todos sus esfuerzos en no comer, la anoréxica suele acumular gran cantidad de recetas de cocina; conoce el valor calórico de casi todos los alimentos, cocina para la familia y se deleita haciendo pasteles, bizcochos o galletas que ella no prueba, e incluso se presta a preparar las comidas principales que suelen ser copiosas y con alto nivel calórico. Intenta evitar a toda costa acudir a citas en las que haya que comer, y poco a poco se encierra en un mundo propio aislado del contacto con la gente.

La familia suele tardar bastante tiempo en reaccionar frente a una anorexia nerviosa, en parte porque la enferma oculta su trastorno, a veces con habilidad de prestidigitador, y también porque los padres se empeñan en que «pueden solucionar» el problema en casa, simplemente obligando a su hija a comer, aunque eso implique embarcarse en una bronca diaria. En general, la anoréxica es manipuladora y mentirosa, lo que dificulta la decisión de someterla a tratamiento médico.

Con frecuencia la enferma acude a consulta en un estado deplorable. Los familiares piden auxilio al terapeuta cuando ya no pueden soportar más tiempo el clima de tensión, los engaños y las constantes amenazas de su hija. A medida que la enfermedad progresa, la recuperación es más difícil (la terapia puede durar entre seis meses y seis años), por lo que resulta esencial tomar nota y fijarse en los síntomas o señales de alarma.

Señales de alarma

- *Miedo obsesivo a engordar.* «Dormir engorda, por eso intento quedarme despierta toda la noche.»
- *Disminución alarmante y sin control médico de la alimentación en general y de los alimentos que engordan en particular.*

• *Preocupación constante por la alimentación de los demás familiares.* Se presta a elegir y cocinar el menú de la familia, pero busca pretextos para no ingerirlo o come aparte. Ataca la norma alimenticia de la familia. «En esta casa se come demasiado, ¡con la cantidad de gente que se muere de hambre en el mundo, y vosotros engullendo como monstruos!»...

• *Interés desmesurado por todo lo que concierne a la comida y a cómo evitarla*: «Para mí, el único pensamiento que tengo en el día es el de la última vez que comí y cuándo comeré de nuevo, lo que comí y lo que comeré luego.» Cuando ha terminado de comer, le invade un gran sentimiento de culpa. Niega que comer sea agradable, asegura «estar llena», o que la comida le sienta mal.

• *Forma de comer característica*: manosea los alimentos, los recorta, los distribuye por todo el plato, tarda mucho tiempo en ingerir la comida, mastica pequeños pedazos durante largo rato, etc.

• *Distorsión de su imagen corporal real* con afirmaciones como «Estoy como una ballena», cuando en realidad está más delgada de lo normal. Niega su delgadez aun cuando se hace demasiado evidente.

• *Hiperactividad*, aumento del ejercicio físico extenuante. «Hago trescientos abdominales todos los días. Pero los hago de madrugada, porque en casa me vigilan y me dicen que si estoy loca.»

• *Problemas familiares*. La chica se vuelve irritable, obsesiva, nerviosa, depresiva. El conflicto, en especial con la madre, es constante.

• *Falta de relación social*. Teme que sus amigos se burlen de su aspecto físico. Considera que otras chicas tienen más éxito, porque están más delgadas. Lleva ropa holgada que «esconde los defectos». Evita ir a fiestas o reuniones de grupo.

• *Vómitos inducidos.* No todas las anoréxicas vomitan, pero las que lo hacen esconden esta conducta.

• *Abuso de laxantes y diuréticos.* «Es que retengo líquidos.»

Trampas más habituales cuando se les obliga a comer

— Esconde los alimentos en la servilleta.

— Mete comida en los bolsillos de la ropa, la tira por la ventana, la esconde en cajones, floreros o armarios.

— Deja la corteza de la tostada o la cáscara de la fruta en el plato y tira lo demás.

— Mantiene la comida en la boca y la tira cuando se lava los dientes.

— Bebe gran cantidad de agua antes de comer y se pesa luego ante los padres para demostrarles que no ha perdido peso y que, por tanto, no hace falta que la obliguen a ingerir alimentos.

LA BULIMIA NERVIOSA O EL ARTE DE ATRACARSE SIN QUE LA BALANZA LO NOTE

Hasta hace poco la bulimia se consideraba un trastorno más de la anorexia nerviosa, porque un 40 por ciento de las anoréxicas tenía periodos de voracidad incontrolada. Hoy, la bulimia nerviosa se trata como enfermedad individual, aunque muchas características coinciden en ambas.

Al igual que la anorexia, la bulimia es un trastorno severo de la conducta alimentaria que ataca casi siempre a mujeres jóvenes que tienen un miedo atroz a estar gordas, se preocupan en exceso por el peso, y también poseen una imagen distorsionada sobre su propio cuerpo. Su autoestima se ciñe exclusivamente al aspecto físico. «Si soy gorda o fea, no valgo nada.» La diferencia en este caso es que se presenta en chicas de más edad, en torno a los 17 años, y se caracteriza porque quienes padecen bulimia comen con voracidad compulsiva y luego vomitan a propósito o hacen gran cantidad de ejercicio físico para prevenir el aumento de peso. Tanto las comilonas como el vómito se realizan en el más estricto secreto.

La primera comilona puede estar provocada por un acontecimiento estresante: romper con el novio, presión de los exámenes, muerte de un familiar cercano, etc., y que no tiene relación alguna con el aspecto físico de la joven.

La bulímica come sin hambre y lo hace para «liberarse» de un conflicto que no puede o no sabe solucionar. Ingiere de forma descontrolada (un atracón severo puede llegar a superar las 25.000 Kcal) [5], de forma rápida, casi sin masticar. Devora cualquier cosa que tiene a mano, aunque sea descabellada: 8 tostadas + 1/2 kg de albóndigas + 1 bote de mayonesa + 1 kg de higos secos + 3 litros de refresco + 7 salchichas + 1 paquete entero de cereales con leche, etc. Desvalija la despensa o la nevera. Si está en la calle entra en un supermercado y compra grandes cantidades de comida que luego engulle en un rincón, en un parque o en cualquier otro lugar alejado de la vista. También va de tienda en tienda, hace paradas en bares y en cafeterías comprando y comiendo inmediatamente. Luego induce el vómito y además abusa de laxantes y diuréticos.

Algunas bulímicas no vomitan, porque tienen miedo a hacerlo o *les da asco*, pero tras la comilona hacen dietas restricti-

[5] *Id. ibíd.*, pág. 115.

vas, ayunan o practican algún tipo de ejercicio físico agotador. Los episodios bulímicos pueden llegar a presentarse dos o más veces en semana. Tras la comilona la enferma se siente avergonzada, culpable, deprimida. La mayoría de las bulímicas consigue tener un peso normal gracias al vómito inducido, al abuso de laxantes y diuréticos o al ejercicio físico exagerado. Por este motivo y porque su trastorno es secreto, la enfermedad suele pasar desapercibida durante mucho tiempo. Cuando la familia descubre el trastorno, la enferma suele hacer chantaje emocional: «Estoy en esta situación por vuestra culpa.» Demanda constante atención, miente y manipula a su conveniencia a los padres.

Señales de alarma

- *Desaparece abundante comida en casa* (en especial alimentos «prohibidos»: galletas, bizcochos, cereales, etc.) de forma misteriosa y sin que ninguno de los padres o hermanos haya sido testigo. La desaparición de alimentos coincide con un episodio estresante: estudios, desengaño amoroso, etc.
- *Está excesivamente inquieta*, tensa, irritable o depresiva.
- *Utiliza laxantes, diuréticos y pastillas para adelgazar*, pero los esconde: «Una vez me tomé hasta veinte el mismo día.»
- *Existe una pobre relación social*, debido a que tiene miedo a la opinión de los demás sobre su aspecto físico.
- *Vive obsesionada por la comida y el peso.*
- *Presenta síntomas físicos inhabituales*: sudor excesivo de pies y manos, dilatación abdominal, cansancio, dolor de cabeza, náuseas, hinchazón de tobillos, brazos, manos y cuello.
- *Su menstruación es irregular.* Posible amenorrea.
- *Sufre de insomnio.*

• Induce el vómito. Los padres no saben que la chica vomita a propósito porque lo hace a escondidas, pero pueden observar los siguientes síntomas o señales:

— Deterioro del esmalte de los dientes en un corto espacio de tiempo.
— Lesiones en el dorso de la mano, en especial en los dedos índice y corazón.
— Aumento doloroso de las glándulas salivares.
— Negación constante por parte de la joven a que la vea un médico. En general, cuando acepta acudir a una consulta es para que el doctor solucione los efectos secundarios: náuseas, hinchazón, dolor de cabeza, etc.

TRATAMIENTO TERAPÉUTICO DE LA ANOREXIA Y LA BULIMIA NERVIOSAS

En ambas enfermedades la intervención médica incluye psicoterapia individual, terapia familiar y tratamiento médico de un internista, un endocrino, un especialista en nutrición, un psiquiatra y un psicólogo. El tratamiento tiene como objetivo primordial restablecer el equilibrio nutricional de la enferma y su relación normal con la comida. En el caso de la anoréxica, la meta es lograr que deje de tener pánico a engordar, y en el de la bulímica que deje de utilizar la comida como ansiolítico. Por supuesto, en estos dos trastornos se intenta lograr una mejoría en la autoestima de la joven, que en general se halla altamente deteriorada.

VII. «El sexo me interesa mucho, pero mis padres no lo saben»

La mayoría de los adolescentes es reacia a hablar abiertamente de sexo con sus padres.

> —Antonio, creo que ha llegado el momento de que te explique algunas cosas sobre el sexo.
>
> —Sí, claro. Es que ya lo sé todo. Oye, me tengo que ir.

Y a casi todos los padres les resulta difícil abordar temas sexuales con sus hijos. A veces, con la intención de eliminar el posible morbo, tienden a ofrecer una conferencia pseudocientífica que no hace más que aburrir o confundir al contertulio.

> —Aproveché que estábamos en la sección de «higiene» del supermercado, donde venden preservativos. Entonces le expliqué a la niña lo mejor que pude lo del espermatozoide que trepa hasta el óvulo y todo ese rollo. Ella no entendió nada, porque enseguida dijo: «Ya. Oye, ¿me compras palomitas para el microondas?»

Esta información le aburre, porque está desprovista de todo lo que atañe a las emociones, lo que es sentimental, íntimo, secreto. Escucha el discurso con la misma apatía con la que podría oír una lección sobre el sistema linfático.

Hacia los 11 años en el adolescente surge una enorme curiosidad por conocer la razón de ese instinto que no puede controlar: por qué tiene esa enorme necesidad de tocar con las manos y el cerebro hasta el punto de no poder pensar en otra cosa.

Aproximadamente a los 13 años no le interesa tanto que se le explique la mecánica *interna*. Lo que de verdad quiere que le expliquen, lo que le tiene comido el coco, es cómo lograr el éxito (rotundo a ser posible) en la aproximación al sexo contrario.

Para que el adolescente alcance el desarrollo psicosexual completo, para que sea capaz de disfrutar, compartir y comprometerse en un acto de amor pleno no basta con haber alcanzado la formación genital correcta, sino que necesita el complemento de una preparación emocional adecuada.

Como es lógico los adolescentes experimentan la pulsión sexual de manera muy diferente, según la edad y el grado de madurez que tengan. Además, existe una gran disparidad entre lo que siente un chico o una chica. Así, el niño de 10 años desea *conocer*, mientras que el joven de 16 está pensando en *actuar*. La niña de 10 años tiene una idea muy romántica sobre el asunto, mientras que la chica de 16 está muy preocupada porque a lo mejor es frígida; porque hace dos meses que no tiene la regla, o porque se ha enamorado de alguien hasta la médula.

CUADRO 7

FASES DE LAS RELACIONES SEXUALES

Pubertad: Idealización y romanticismo (10-13 años)*.

Adolescencia media: Aproximación al sexo contrario. Coqueteo y «ligues» (13-15 años)*.

Adolescencia tardía: Enamoramiento (15-18 años)*.

Postadolescencia: Noviazgo (18 años en adelante)*.

* Edades aproximadas.

PUBERTAD. LA IDEALIZACIÓN DE LAS RELACIONES SEXUALES

Los chicos comienzan a fijarse en las chicas y viceversa, pero en la mayoría de los casos no se atreven a aproximarse ni a dirigirse la palabra. Es la etapa del romanticismo y de la idealización. Se ven, se tocan, se besan, se aman en sueños. En este caso la fantasía constituye un refugio en el que el adolescente se protege del miedo y la angustia que le produce la posibilidad de mantener relaciones sexuales reales. Además, le sirve de *entrenamiento*. Se ve a sí mismo en situaciones que quizás después, en el futuro, pueda vivir.

El chico imagina que es un héroe sensacional a quien todos admiran y piden ayuda, mientras que la chica fantasea sobre el hecho de ser la más atractiva, la que más liga, o la que es más amiga de los chicos y a la que más quieren. La persona objeto de tales sueños suele carecer de defectos.

Es muy frecuente que en la pubertad el joven se fije en personas mayores. Sueña con un actor, un profesor o el amigo de un hermano mayor a modo de amor platónico, y coloca su foto, si es que consigue una, en la cabecera de la cama, la carpeta o el armario. No tiene problemas en comentar su pasión con los amigos del mismo sexo, hasta el punto de no hablar de otra cosa. La imposibilidad de mantener un contacto físico real con el ídolo desencadena la masturbación en los chicos.

Debido a que la pubertad es fundamentalmente romántica e idealista, cualquier contacto sexual pleno es muy dañino. Lo percibirá como *algo sucio* y *asqueroso*.

Los ligues prematuros y sus consecuencias

Por regla general los jóvenes empiezan a ligar con alguien del sexo contrario en la adolescencia media, es decir, entre los 14-15 años. Sin embargo, algunas niñas precoces en su desarrollo físico pueden empezar a hacerlo a los 11 o 12, en cuyo caso la púber *es elegida* por chicos que tienen varios años más que ella, pues los de su edad se hallan todavía en una fase inmadura para las relaciones. El chico mayor tiene más experiencia sexual y suele presionarla hacia una relación física para la que ella no está preparada emocionalmente: la chica aún imagina las relaciones sexuales de forma vaga, romántica y etérea, mientras que él, en cambio, ya ha experimentado la variante física y tangible del sexo.

Las relaciones sexuales precoces de la chica también influyen en la amistad con personas de su edad: al ligar con un chico mayor, entra en una pandilla de gente con más años de los que ella tiene. Estos nuevos amigos la suelen tratar de forma marginal y poseen una madurez de la que la púber adolece. Para estar a la altura de las circunstancias, para que no la consideren un miembro secundario en la pandilla, se peina, habla, viste, maquilla y actúa como una chica mayor. Fuma, bebe, se muestra sexualmente activa, etc., gracias a lo que consigue entrar en el ritmo de una pandilla de *mayores*, pero a cambio de alejarse de forma drástica de sus compañeras de clase y dejar de frecuentar amigas de su edad.

ADOLESCENCIA MEDIA. APRENDER A COQUETEAR

Durante la adolescencia media se producen los primeros intentos de acercamiento a personas del sexo contrario. Chicos y chicas hacen planes de grupo: excursiones, fiestas, etc. La relación entre ellos es superficial, ligotean, cambian de pareja: un día salen con uno y al día siguiente le dejan plantado.

Las primeras citas son muy importantes. Hay que impresionar a toda costa para aliviar la angustia que produce no saber si se es válido y admirable. La coquetería se hace protagonista en sus vidas, sobre todo en el caso de las chicas. Antes de «quedar» se cambian cien veces de ropa, pues nunca están de acuerdo con su vestuario; se maquillan, se peinan (o más bien se despeinan), se miran en el espejo, inspeccionan el atuendo mientras bailan o hacen muecas en el intento de verse en todo tipo de situaciones que les pueda deparar la tarde o la noche... y no cejan en el empeño hasta que se encuentran suficientemente atractivas, lo cual puede llevar horas de tortura.

Otro asunto de máxima importancia para las chicas es conseguir que algún chico las vaya a esperar a la salida del colegio. Dicen que *mola*, pero lo que sobre todo les mola es dejar a las amigas pálidas de envidia.

En esta etapa el adolescente descubre las discotecas. Ir a la discoteca se convierte en el objetivo primordial de su vida (algunos padres con suerte tienen un hijo que prefiere el deporte). Al bailar, puede acercarse e incluso tocar al joven del sexo contrario. El baile frenético les alivia la tensión sexual que todavía no pueden liberar haciendo el amor. El contacto íntimo consiste sobre todo en dar paseos, besarse, acariciarse, etc. La relación es más exploratoria que placentera. No están preparados para comprometerse a nada. Aunque los padres insistan en añadir el término «amor» a las conversaciones sobre sexo (y es muy importante que sigan haciéndolo), en esta etapa es muy difícil que el joven comprenda el nexo entre el amor y la satisfacción del impulso sexual. A esta edad es muy egoísta, no cuenta con voluntad firme para comprometerse, entregarse o ponerse al servicio de los valores del otro.

Los padres tienen como principal tarea conseguir que el sentimiento de verdadera entrega a otro se vaya instaurando poco a poco en la personalidad del joven, y que gracias a él supere y controle el impulso meramente físico irracional.

ADOLESCENCIA TARDÍA. EL PRIMER AMOR

La adolescencia tardía sigue a la etapa de ligoteo; poco a poco la relación con una persona del sexo contrario se va haciendo más exigente y selectiva. Los adolescentes caen en el embrujo del enamoramiento. Algunos lo hacen sin cesar y otros, en cambio, no lo consiguen aunque lo intenten.

El primer caso suele darse en el joven vulnerable, inseguro, que necesita encontrarse a sí mismo a través de los estímulos que le proporcionan otras personas. Resulta curioso que las elegidas sean tan dispares y distintas entre sí.

Los que son inmunes al amorío no consiguen encontrar a alguien con quien compartir sus inquietudes e ideas. Algunos se creen superiores; otros, son patológicamente tímidos [1] y los hay que se aburren o no *están en sintonía* con lo que dice o hace la gente del sexo opuesto.

El enamoramiento altera el estado vital, hipoteca el comportamiento y el cerebro. Por primera vez lo que piensa, opina, hace o dice el elegido es de vital importancia. Uno es lo que el otro quiere que sea, y viceversa. Los estudios, la familia y los amigos pasan a un segundo plano, porque toda su vida se centra en el «otro», a quien encuentra formidable, positivo y sin defectos.

[1] Véase el capítulo X.

El enamoramiento produce ciertos cambios en algunos hábitos: quita el sueño o, por el contrario, se duerme mejor que nunca; produce inapetencia o un hambre atroz. Además, todo ello acompañado de inusitada palidez, rubor, palpitaciones, ansiedad o loca euforia. Mientras está enamorado y es correspondido, el adolescente se siente pleno, feliz. Su pasión se desata cada vez que oye hablar, ve o piensa en la persona amada. Desea ser objeto de admiración por parte del otro, tiene muchas ganas de hacer cosas... pero no puede hacerlas, porque le resulta muy difícil concentrarse en algo que no sea el amado. No se aburre; tiene la risa fácil. Da gusto verle. No obstante, en esta etapa tanto frenesí celestial tiende a durar poco. Cuando el estado semihipnótico se esfuma, pueden ocurrir dos cosas:

— Termina súbitamente del mismo modo rápido e irracional como empezó.
— Se consolida un amor más sereno y racional, un noviazgo en toda regla.

En el primer caso los enamorados casi nunca se ponen de acuerdo en el momento del final. Sufre menos quien antes se desenamora, mientras el otro, en cambio, se siente decepcionado y vacío. Su vida deja de tener sentido y, para llamar la atención del que se ha ido, puede llegar a albergar ideas de suicidio: «Se arrepentirá cuando me haya suicidado por su culpa.» [2]

Uno de los motivos fundamentales de quebranto en el enamoramiento es la manera tan distinta en que lo viven los chicos y las chicas.

• *Ellas* maduran sexualmente antes que los chicos y como consecuencia son más precoces en el enamoramiento. La chica

[2] Véase el capítulo XIV.

considera al chico no como un medio para satisfacer su sexualidad, sino como un camino a través del cual se confirma su feminidad. Su enamoramiento es sobre todo psíquico, de tipo emocional y demanda igualdad de trato. Interpreta el impulso sexual masculino como algo humillante, que la rebaja a un mero objeto sustituible y desechable.

- *Ellos* tienen más experiencia en el contacto físico-sexual que ellas. En el del chico interviene un factor biológico: se enamora para satisfacer su impulso sexual y liberar la tensión que éste le produce. No comprende que la chica le demande fidelidad, una relación profunda o un compromiso duradero.

El contacto físico

En la adolescencia tardía el contacto físico de la pareja puede ser de dos tipos:

1. El *petting**. Caricias, abrazos, besos, contactos intergenitales que producen excitación sexual. A través del *petting* la pareja aprende a conocer las reacciones de su propio cuerpo cuando es estimulado por otro y también la respuesta del compañero. El *petting* se practica como sustituto del coito, al que no quieren llegar por alguna razón que temen.
2. El *acto sexual pleno*. Es más habitual hacia los 17-18 años. Cuando se llega por primera vez a estas relaciones, es muy frecuente que la chica tenga miedo o no sienta necesidad alguna de hacerlo. En este caso el chico tiende a forzar la situación —«No me quieres»— y la chica accede, porque desea demostrarle lo contrario haciendo ese sacrificio por él; muchas hacen el amor porque no saben cómo decir «no», o porque temen herir los sentimientos del compañero; algunas, sim-

plemente tienen *complejo de virginidad*[3]: «Sara Glasi es virgen. Se le nota mogollón, es una panoli superlativa.»

Cuando la chica hace el amor bajo presión, la conducta de ambos tiende a ser tosca, impulsiva, torpe y fría. Ella no siente nada excepto dolor y una enorme decepción.

POSTADOLESCENCIA. LA ETAPA DEL NOVIAZGO

La postadolescencia es la etapa del noviazgo, motivado por la necesidad de amor (en el sentido profundo de la palabra), comprensión, compañía y satisfacción sexual.

Los jóvenes conciben el amor como un remedio contra la soledad, algo que produce felicidad, que da sentido a la vida y ayuda a superar dificultades. En este tipo de relación se considera muy importante la fidelidad y la confianza mutua. El noviazgo se interpreta como un proyecto de futuro en el que no intervienen condicionantes de tipo ideológico ni moral. Los miembros de la pareja desean entregarse a esta relación sin reservas.

[3] Véase el capítulo IX.

VIII. Cómo hablar de sexo durante la pubertad y la adolescencia media

HABLAR DE SEXO CON UN PÚBER

Informar a un hijo o a una hija púber sobre sexo es difícil principalmente por dos motivos:

1. Los padres creen que no está preparado todavía, y cuando deciden hacer la primera aproximación al tema, se dan cuenta de que el hijo lleva mucho tiempo hablando de sexo en el colegio. Llegan tarde.
2. La inquietud de los padres con respecto a la actividad sexual del adolescente no coincide con lo que preocupa a éste. Los padres tienden a dar información para prevenir unos peligros con los que el joven no se siente totalmente identificado, y en cambio, no le tranquilizan en los aspectos que le afectan en realidad.

Los padres que llegan tarde

El hijo *siempre* les parece demasiado pequeño o inmaduro a los padres para digerir vicisitudes sexuales. Se equivocan. Desde el día de su nacimiento ha vivido en una sociedad en la que se utiliza el sexo con fines comerciales, publicitarios, etc. Los niños de tres años disfrutan examinando sus genitales o los de su hermana pequeña; se fijan en que los padres se encierran a veces con llave en su dormitorio; perciben la manera tan distinta de hacer pis que tienen los niños y las niñas. Algunos han podido vivir el nacimiento de un hermano, y durante el embarazo se preguntan quién lo metió allí dentro y cómo demonios piensa salir.

La infancia de nuestros hijos está plagada de ocasiones de oro para que los padres desmitifiquen el sexo y lo hagan de una forma natural y espontánea. Si el progenitor responde a los comentarios de su hijo con tranquilidad, es muy probable que éste se sienta confiado para seguir haciendo preguntas más adelante.

Cuando el niño es muy pequeño, la fluidez en la conversación sexual es de crucial importancia para prevenir un posible abuso sexual. Hay padres que no lo hacen, porque temen asustarle. Si sólo ver la imagen de un niño o una niña indefenso en manos de un desaprensivo eriza el pelo de cualquiera, parece lógico que pretendan disipar toda alarma. Sin embargo, no tienen ningún inconveniente en «asustar» al niño diciéndole que le *va* a atropellar un coche si cruza mal la calle. Todos los padres alertan a los niños sobre el peligro de un posible atropello: «Tienes que mirar a la derecha, y luego a la izquierda...», y los niños no parecen traumatizarse con tal adiestramiento. De igual forma deberían explicar con claridad lo que *ningún* niño o niña debe tolerar respecto a su propio cuerpo.

- *Nadie* tiene derecho a tocar o mirar tus genitales si tú no quieres.
- *Nadie* tiene derecho a pedirte que mires o toques sus genitales si tú no quieres.

• *Si alguien te obliga a hacer alguna de estas cosas,* no lo mantengas en secreto. En casa *no hay secretos* para este tipo de cosas.

Cuando los padres, de buenas a primeras, intentan abordar el asunto sexual con un adolescente, no sospechan que hace ya bastante tiempo que *es* el tema favorito de conversación en el colegio. Los jóvenes hablan de sexo entre ellos desde que tienen 9-10 años, o incluso antes. En todos los cursos siempre aparece un compañero ducho en la materia, porque vio una película pornográfica en el Canal X de la televisión un día que salieron sus padres, o ha «birlao» una revista con «tías en bolas». Lo normal es que semejante experto no lo sea en absoluto y, en lugar de haberlo entendido todo bien, haya entendido todo al revés. Además, suele recrearse en la narración tórrida y bochornosa que tiene como objeto dejar pasmada a la audiencia. Por eso, con 10 años muchos ya han oído hablar de violaciones, penetraciones, prostitutas y travestidos, entre otras cosas. Lo han aprendido durante el recreo. Y cuando los padres convocan un simpósium sexual para informar al púber, reciben un «¡Venga ya!, ¡si lo sé todo!» como respuesta.

No es verdad. *Cree* que lo sabe todo, o cree que si ha empezado a saber algo por su cuenta, puede terminar el aprendizaje a su aire. Los padres, aunque hayan llegado tarde, no deben cejar en el empeño. Tienen obligación de prevenir unos cuantos peligros todavía.

¿Por qué los padres no se atreven a hablar de sexo con un púber?

Entre las razones más importantes cabe destacar las siguientes:

• *Tienen miedo de que su hijo, al saber tanto, se vuelva promiscuo*

—Si le cuento todo el día el mismo rollo, va a creer que le estoy dando permiso para que «lo haga».

Muchos estudios científicos demuestran exactamente lo contrario. [1] Ningún adolescente bien informado incrementa su actividad sexual sólo por estarlo, sino que, por el contrario, la correcta información desmitifica el sexo. Cuando el adolescente sabe lo que puede esperar, domina su impulso, evita mejor el embarazo y el aborto, aplaza el primer contacto sexual, tiene mayor sentido de la responsabilidad y esquiva los peligros con seguridad.

• *Temen no saber cómo responder*

Los niños de esta edad pueden hacer preguntas sorprendentes: «¿Por qué se me curva el pene cuando se me pone duro?»

• *No quieren alarmar sin necesidad*

Creen que los hijos no están lo suficiente maduros para entender ciertas cosas. Se les ponen los pelos de punta cuando su hija de 9 años comenta como si tal cosa: «Eloísa Pérez se mete un lápiz por aquí (en la vagina) y dice que eso le gusta mucho.»

Cuando el niño se enfrenta por primera vez a la información que le ofrece el resabiado de la clase, puede llegar a asustarse mucho si en casa jamás le han hablado sobre el asunto. Inmediatamente asume que se trata de un tema prohibido, que los

[1] J. Gale, *La sexualidad del adolescente*, Temas de Hoy, Madrid, 1993, pág. 27.

padres le regañarán si se enteran de que mantiene tales conversaciones. Conclusión: no lo cuenta.

Tal vez, agobiado por el escándalo, tenga pesadillas por la noche, se muestre triste, taciturno, irritable. Es posible que rechace cualquier contacto físico (beso, abrazo, caricia) con el padre del sexo opuesto. Conviene tener en cuenta que el sabihondo del recreo es aficionado al relato morboso y, por supuesto, bastante erróneo. Al no comentarlo en casa, el niño adquiere una idea muy poco sana acerca de la relación sexual. Quizá tarde algún tiempo en reconocer la equivocación; quizá no lo consiga nunca.

La sangre durante los periodos, los gritos durante el orgasmo, la ruptura del himen, el sida, etc., son temas difíciles de explicar, pero hay que hacerlo antes de que el adolescente se encuentre de sopetón con estos trajines sin tener ni idea de lo que significan. Esta es la verdadera «alarma» que conviene evitar.

- *Les da vergüenza*

> —Si le explico «todo», va a saber lo que hacemos mi marido y yo en la cama.

Algunos adolescentes tienen interés en saber qué sentían o hacían sus padres cuando eran jóvenes, pero la mayoría no piensa en el sexo que practican sus progenitores. Son francamente egoístas. Sólo les interesa lo que concierne a *su* cuerpo en particular.

- *Dudan de su capacidad para dar razones convincentes*

> —¿Cómo le digo a mi hija que hacer el amor a los 15 años es malo, pero hacerlo a los 35 es bueno? ¡Va a pensar que soy una hipócrita!

Las inquietudes de los padres no coinciden con las de los hijos

Lo que inquieta a los padres

- Que la actividad sexual del púber sea excesiva: «No quiero que sea promiscuo.»
- Que contraiga alguna enfermedad de transmisión sexual.
- Que la inclinación sexual sea «equivocada»: homosexualidad.
- Que el desorden sexual lleve al hijo a ser un perverso: sádico o masoquista.
- Que se sumerja en la práctica del sexo por influencia de los amigos sin estar lo bastante maduro/a para ello.
- Que la masturbación (en los chicos) le ofrezca tanto placer que se refugie en ella y no encuentre una novia que sustituya esta práctica.
- Que se quede embarazada / que deje a una chica embarazada (esto es de crucial importancia para los padres en la etapa media y tardía de la adolescencia).

Algunos puntos coinciden con lo que preocupa a los hijos; otros no. Para orientar con eficacia a los púberes sobre el sexo y sus peligros es mejor abordar el tema teniendo en cuenta lo que afecta, inquieta o interesa a los hijos desde *su* punto de vista, no el del padre.

Lo que inquieta a los adolescentes (10-14 años) [2]

- La información que no se atreven a pedir en casa:

[2] Edad aproximada. La relación años-madurez varía mucho de unos jóvenes a otros durante la adolescencia.

- *Chicos*

— «¿Tengo el pene del tamaño correcto?»

— «¿Seré un pervertido por masturbarme tanto?»

— «Pienso mucho en el sexo, ¡muchísimo! Creo que soy un *salido.*»

— «¡Sólo tengo un testículo! [3] ¡Jamás podré tener semen normal!»

— «En el vestuario del cole, a veces se me pone dura cuando veo a los demás tíos. Creo que estoy empezando a ser homosexual.»

— «Si obligo a una tía a que *morree* conmigo, ¿la estaré violando?»

— «Me parece que no voy a saber exactamente dónde "ponerla" la primera vez que lo haga con una tía.»

— «¿Qué pasa si no tengo una erección? ¿Y si eyaculo antes de ponerle un dedo encima sólo por pensar que lo voy a hacer?»

— «Las tetas de las tías me gustan y me dan asco a la vez. Eso de que pueda salirles leche me parece una guarrería.»

- *Chicas*

— «Seguro que otras chicas no piensan las mismas cosas sexuales que yo.»

— «¿Dónde demonios estará el clítoris? Me parece que yo no lo tengo.

— «Creo que no voy a ser capaz de gritar de placer en el orgasmo.»

[3] Durante la pubertad es frecuente que un testículo sea más grande que el otro.

— «Creo que la primera vez duele mucho.»

— «Es imposible que por *ahí* (la vagina) quepa *eso* (el pene).»

— «¿Me puedo quedar embarazada por entrar en una piscina? ¿Y por usar un baño público?»

— «Cuando le veo los pechos a una tía, me excito muchísimo. ¿Seré *lesbi*?»

• *Ambos*

— «¿Notan los *de fuera* que te has estado masturbando?»

— «No voy a saber hacer el amor; seguro que hago el ridículo.»

— «Pienso muchas veces en cosas prohibidas. A veces, son muy fuertes, como que estoy en una orgía, o que hago el amor en una iglesia, y cosas así. Me parece que soy una especie de obseso/ninfómana (las chicas más jóvenes utilizan el término *puta*).»

— «¿Pedir un anticonceptivo en casa? ¡Ni loco/a!»

— «Eso del sexo oral me parece una porquería. ¿Por qué le gustará tanto a la gente?»

— «No sé si me estoy masturbando bien. Quizás haya alguna manera mejor, para sentir más placer.»

— «¿Puedo tener una enfermedad venérea por masturbarme? ¿Duele? ¿Te mueres?»

— «¿Se podrá hacer el amor con un perro? ¿Cómo saldrá el niño?»

— «¿Cuánto tiempo dura el acto sexual?»

— «¿Cuántas veces al día se puede hacer el amor? Un compañero de clase dice que un día lo hizo cuatro veces.»

- La información errónea que intercambian los jóvenes:

— «Me han dicho que el semen es bueno para el cutis, y que si lo usas como crema se te quitan los granos y las espinillas.»

— «El chico "llega al final" con más fuerza que la chica.»

— «Cuando te masturbas demasiado es que tienes un problema de homosexualidad.»

— «Si te masturbas, te sale acné.»

— «Si te pasas con la masturbación (chicos), jamás conseguirás tenerla de tamaño normal. Se te quedará pequeña.»

— «Masturbarse mucho te deja sin fuerza y además se te llenan las manos de pelos.»

— «Cuanto mayores son los pechos de una chica, más le va el rollo sexual.»

— «No te fíes de la chica que mira revistas pornográficas. Está loca.»

— «Aunque la chica te diga que *no*, te está diciendo que *sí*.»

— «Una chica no se puede quedar embarazada si: hace el amor de pie; lleva tacones; se concentra mucho para no quedarse; lo hace sólo de vez en cuando; no llega al orgasmo; después se lava bien; el chico se retira antes de eyacular; toma la píldora después de haberlo hecho.»

— «Una chica se puede quedar embarazada si, en un baño público, se limpia con un papel higiénico en el que haya eyaculado un tío a mala idea.»

— «No te fíes de los condones. Se rompen.»

— «(La chica): Hacer el amor adelgaza mucho. Si lo haces muchas veces seguidas ya no te hace falta ponerte a régimen.»

— «Las chicas son quienes deben tomar precauciones para no quedarse embarazadas. Los chicos no tienen ninguna responsabilidad.»

Para prevenir el abuso sexual

La mayoría de las familias previene a los niños pequeños sobre el peligro que entraña acudir a la llamada de *un extraño*. No es suficiente.

La advertencia se orienta más hacia el *secuestro* que hacia el abuso sexual; por tanto, los niños sólo rechazan el acercamiento de un desconocido. Por desgracia, hay muchos casos en los que el abuso lo comete una persona conocida, incluso muy cercana, que, precisamente por serlo, somete a la víctima a una tortura sin fin.[4] El daño que el abuso sexual produce en el menor es de una pujanza tal, que aniquila su posible desarrollo normal. Estas personas vivirán en un continuo tormento y angustia el resto de su vida. Ningún padre puede vigilar a su hijo veinticuatro horas al día, por lo que no es posible evitar al cien por cien el infortunio de caer en manos de un depravado, entre otras razones porque el desaprensivo podría ser un vecino, un amigo de la familia, un conocido o incluso un pariente. Un padre *debe educar para que sea el hijo quien prevenga* la desgracia.

Las chicas son menos fuertes físicamente que los chicos y no suelen tener adiestramiento en sistemas de autodefensa; por tanto, son víctimas de abuso sexual con más facilidad que los chicos. Los padres no deben cejar en el empeño de insistir sin

[4] El Código Penal español tipifica que el delito sexual puede haber sido cometido por cualquier persona, sea cual fuere su sexo, contra otra cuando: utiliza fuerza o intimidación; que la víctima esté privada de sentido o razón, y que sea menor de 12 años.

A diferencia de las demás agresiones sexuales, la violación implica penetración carnal, ya sea vaginal, oral o anal.

CUADRO 8

NORMAS BÁSICAS PARA PREVENIR UN ABUSO SEXUAL

— No permitir que nadie toque tus genitales ni los mire cuando tú no quieras.
— No permitir que un adulto (aunque sea un hermano mayor, un compañero de colegio, un vecino, un amigo de la familia) te pida que le toques los genitales.
— No tolerar que alguien invada tu espacio personal: se aproxime demasiado cuando estés de pie, no quite ojo a tus pechos, tus muslos...
— Si alguna de estas cosas ocurriera, no lo mantengas en secreto; si lo haces, esta persona seguirá abusando de ti durante mucho tiempo.
— No abrir la puerta a nadie cuando estés sola en casa. Si la persona viene con buenas intenciones, no pondrá pegas.
— No doblar la esquina caminando junto a la fachada de un edificio. Puede haber alguien esperando en el lado oculto de la esquina.
— No caminar sola por un lugar poco transitado, oscuro o desconocido.
— No montar en un coche con un desconocido, aunque haya estado en la misma fiesta que tú (si te lo acaban de presentar, es un desconocido), ni aunque estés con una amiga.
— No permitir que nadie te siga por la calle. Algunas violaciones se cometen en medio de un parque público y a plena luz del día. A la menor sospecha, corre, grita, acude de inmediato a un policía, vete a un lugar concurrido o entra en una tienda en la que haya gente y pide ayuda. No te dé vergüenza hacer cualquiera de estas cosas.
— No acercarte a un coche cuando los ocupantes piden una dirección; responde si quieres, pero desde lejos.
— No ayudar a un conductor en apuros; llama a la policía para que le ayuden ellos.
— No entrar sola en un ascensor con un chico o un hombre.

¡RECUERDE!

El 75 por ciento de los abusos sexuales a menores se llevan a cabo por una persona conocida.

cesar (no sólo cuando es pequeña) en cómo se esquiva el peligro.

—Bahhh, seguro que a mí no me pasa algo así.

Nadie está a salvo de un accidente; el abuso sexual también lo es. *Todas las mujeres* y todos los niños pequeños son posibles candidatos a ser víctimas de abuso sexual. Pero quien goza de información y adiestramiento tiene más probabilidades de salir airoso del agravio.

No se canse de repetir las normas básicas de prevención recogidas en el cuadro 8.

Para hablar de las relaciones sexuales lo antes posible

No conviene esperar a que el joven sea sexualmente activo, o tenga novio/a. Cuanto mayor es el adolescente, más difícil resulta hablar de sexo con él. Suele adoptar una postura defensiva, toma cualquier comentario de los padres como un ataque personal y reacciona sin freno verbal. Aunque los padres no actúen con la suficiente antelación, siempre es mejor hablar, aunque sea tarde, que no hablar en absoluto.

CÓMO HABLAR DE SEXO CUANDO EL JOVEN EMPIEZA A LIGAR

Omita las alusiones directas

Conviene evitar comentarios directos sobre lo que pasó anoche, lo que va a pasar dentro de un rato o durante el fin de semana.

Es muy probable que se sienta aludido. Inmediatamente se pondrá en guardia: «Pero mamá, por favor, ¿quién te crees que soy?» «Siempre estás pensando lo peor.» «No te fías de mí», etc.

Resulta menos incómodo para ambas partes hacer comentarios hipotéticos: ¿Qué pasaría si...?, o aludir a «lo que piensan otros» y luego añadir: «¿Y tú qué opinas?» como colofón glorioso. A veces, «su versión» es un puro disparate; otras no. Lo importante es averiguarlo e intentar ayudarle cuando esté hecho un lío.

Sin embargo, para que esta técnica sea eficaz es muy importante que los padres aguanten las ganas de imponer su versión. No hay que dejar que se sienta atacado, acusado o espiado. Esto no quiere decir que haya que aceptar las opiniones del joven cuando sean diferentes a las de los padres. Por el contrario, se debe exponer una postura, razonarla y mantenerse firme en ella, pero sin imponerla.

Asimismo, conviene recordar que todos los adolescentes tienen una noción del tiempo a muy corto plazo. Es la época de la inmediatez; por tanto, de nada sirve hablar de consecuencias futuras: «Imagínate qué será de tu vida con un bebé, sin poder hacer una carrera universitaria...» (la chica aún está en 2º de ESO y además es mala estudiante). Aunque quiera, no se lo puede imaginar. Lo que no es instantáneo es inexistente. Resulta más eficaz aludir a lo que pasaría *mañana* si una amiga suya, de su misma edad, se quedara embarazada:

> —¿Te la imaginas? ¡Pobrecilla! Tú ligando con un montón de amigos y ella, la pobre, con un tripón grandísimo en medio del recreo.

Evite el sermón: no lo cuente todo de sopetón y en secreto

—Hija, creo que es mi obligación de madre tener una larga conversación contigo de mujer a mujer. Ven a mi cuarto. Voy a descolgar el teléfono.

—Hijo, cierra la puerta y siéntate. Voy a hablarte de sexo.

Con semejante preludio la conferencia se impregna de un tono de lo más siniestro, y si lo que se pretende es desmitificar el sexo, con semejante prólogo se consigue justo lo contrario.

Además, con un solo discurso el adolescente suele captar una cuarta parte de lo que se dice. Quizá interprete que sus padres sólo entienden el sexo bajo la óptica del peligro y la morbosidad; en parte por el ambiente de reunión clandestina que adquiere la puesta en escena y también porque con toda probabilidad el joven ya ha descubierto los preservativos o el diafragma que utilizan sus padres.

Como ya habrá notado el lector, lo aconsejable es comentar o desmentir los tópicos que circulan sobre el sexo en conversaciones diarias. No hay que concertar cita previa ni hablar en secreto. Se puede aprovechar un determinado programa de televisión pródigo en escenas tórridas; una revista de cotilleo que haga hincapié en los vaivenes amatorios de un famoso, algún artículo sobre el sida, o cualquier comentario que el hijo haga sobre un amigo de tendencia confusa. El objetivo es ayudar a distinguir lo que es cierto o no en lo que se oye sin cesar como dogma; estimular su capacidad crítica, establecer un clima de confianza por ambas partes, y conseguir que el joven lleve en el futuro una vida sexual sana.

Ayude a entender el verdadero significado de la masturbación

Muchos chicos y chicas [5] se masturban, y lo hacen desde que son *muy pequeños*, según el criterio de sus padres. Lo ideal es hablar con ellos antes de que lleguen a la adolescencia. Unos lo hacen y otros no. Algunos jóvenes creen que masturbarse es malo, que implica homosexualidad, impotencia, produce ceguera, locura y un sinfín de trastornos. Nada de esto es verdad y han de saberlo.

Los chicos utilizan una jerga especial: *paja*, *manola*, *gayola*, etc., porque la palabra *masturbarse* es demasiado técnica o solemne. Masturbarse es un secreto muy privado. No suelen comentar con los amigos (ni siquiera al íntimo amigo) que se masturban. Por otra parte, el hecho de que el joven carezca de la suficiente y adecuada información podría provocar que tuviera ideas que le angustien sin necesidad.

A veces, en el intento de liberarse del miedo o la preocupación, los jóvenes plantean una pregunta indirecta: «¿El himen se rompe sólo cuando haces el amor?»; o comentan sobre otra persona: «Fulanito es un "salido".» No hay que dejar escapar la ocasión.

La mayoría de los que se masturban asegura que *eso no es sexo verdadero*, pues lo utilizan como medio para descargar una tensión que ha llegado a ser insoportable. En ocasiones, es

[5] M. Moraleda y A. Aguirre, *Psicología de la adolescencia*, Boixareu Universitaria, Barcelona, 1994, pág. 99.

Según los autores, también las chicas practican la masturbación, aunque en menor proporción que los chicos (12 por ciento de ellas frente a un 53 por ciento de ellos). A medida que pasan los años, el hábito se intensifica: el 43 por ciento de jóvenes de 13 años confiesa que se masturba, mientras que a los 17 años lo hace un 55 por ciento. Al parecer, la masturbación aumenta en los chicos a medida que lo hacen las actividades sexuales imaginarias. No ocurre posible que la causa que desencadena la masturbación no tenga un origen sexual; por ejemplo, tras un examen, una noche de juerga o un partido deportivo. Otras veces son la tristeza, el vacío emocional y la soledad las que incitan al joven a masturbarse como una especie de «llamada a otro».

Los padres tienen que aliviar la angustia de sus hijos dando respuestas a aquello que les preocupa. Aunque los hijos no hayan planteado abiertamente las preguntas, los padres deben hablar como si lo hubieran hecho. Una buena fórmula es utilizar «lo que piensan algunos». Por ejemplo: «Algunas personas creen que es malo masturbarse» o «Hay quien piensa que masturbarse es de pervertidos» y luego dar la explicación correcta.

No dramatice las «fantasías sexuales»

Las fantasías sexuales suelen estar ligadas a una persona que gusta mucho: la novia, el ligue, el guapo oficial del colegio, o también un actor, un cantante de *rock*, al que no se ha visto más que de lejos. A través de la fantasía sexual, el adolescente se permite hacer con la persona elegida las cosas más prohibidas, todo lo que no se puede plantear (al menos de momento) en la vida real. Las fantasías femeninas tienden a ser románticas. A veces, la puesta en escena presenta matices turbulentos, acordes con el tipo de novela trágico-amorosa que tanto gusta a las chicas. En este tipo de sueño la adolescente casi nunca se ve a sí misma violada o en situaciones en las que se la obligue a practicar el sexo a la fuerza. Lo que piensa es placentero y agradable. El chico está más inclinado a lo explícito y gráfico.

lo mismo con las chicas, que también viven fantasías sexuales, pero sin que necesariamente las acompañen con satisfacción genital.

Por este motivo, suele tener vergüenza de sí mismo, se siente culpable, o se cree un pervertido.

En general, los chicos saben distinguir bien la fantasía de la acción. Así como se permiten todo tipo de licencias en sueños, casi nunca desean que eso (lo agresivo, pernicioso, dañino para la chica) ocurra en la vida real. La fantasía sexual permite al chico y a la chica vivir una aventura impresionante, íntima, radical, exhorbitada, pero al fin y al cabo suya. Si los padres oyen algún comentario al respecto del tipo: «Me gustaría pillar a C. C. en una isla desierta», «¡Ojalá me secuestre B. P. y me lleve con él a una cabaña en el bosque!», no deben alarmarse, pues en este caso hay una diferencia abismal entre lo que se piensa y lo que se hace.

No tema hablar sobre la homosexualidad

Un alto porcentaje de los púberes teme ser homosexual. Su círculo de amigos se compone de personas del mismo sexo con las que pasa la mayor parte del tiempo. Los primeros impulsos sexuales surgen cuando las relaciones sociales son todavía homosexuales. Un chico puede notar una erección en el vestuario del colegio, y una chica puede excitarse cuando observa a una mujer dar el pecho a un bebé o si ve a una amiga desnuda.

Durante la infancia y preadolescencia, algunos niños y niñas experimentan con otros del mismo sexo besos, caricias o masturbación en grupo (esto último en el caso de los chicos) sólo para satisfacer su curiosidad, sin que intermedie ningún tipo de atracción sexual.

Nada de todo esto indica verdadera homosexualidad. La adolescencia es un periodo de cambio y experimentación con lo real y con lo fantástico.

Tenga presente que la información adecuada evita muchos problemas

Algunas madres que sienten apuro a la hora de abordar temas sexuales con su hija, y que por ese motivo nunca han hablado con naturalidad del sexo ni de sus implicaciones, tienden a dar consejos superficiales (y precipitados) cuando surge una ocasión propicia, por ejemplo, en la primera cita con un chico:

> —«Ningún hombre compra una oveja cuando le dan la lana "gratis", ¿comprendes?»
>
> —«Ten cuidado, no vayas a malgastar los mejores años de tu vida. Con un embarazo, quiero decir.»
>
> —«Soy tu madre. Te conozco. Así que ten cuidado con lo que haces. "Oigo" lo que haces mejor que lo que dices.»
>
> —«Dicen que el amor es ciego. Por eso los chicos tienen siempre las manos tan ocupadas.»

Intentan así que la hija comprenda que su madre «sabe mucho». Pretenden invitarla a hablar del tema con mayor profundidad. Casi nunca lo consiguen.

> —Si hago caso de todo lo que dice mi madre, jamás saldría con nadie.

Conviene analizar la información que el joven adquiera de sus amigos, ya sea errónea o no. Esta práctica lleva al diálogo sobre los verdaderos peligros que puede entrañar una práctica sexual imprudente y cómo combatirlos: daño psicológico, riesgo de embarazo y enfermedades de transmisión sexual.

El lector ha podido conocer en este capítulo en qué consisten los errores más importantes sobre la práctica sexual que intercambian los jóvenes entre sí. Hablar de ellos no convertirá al adolescente en una máquina sexual, sino más bien en todo lo contrario. Le ayudará a ser más responsable y a ser consciente del tipo de peligro que corre si no lo es.

Infúndale ánimo para controlar el impulso

> —Eres muy inteligente. Estoy segura de que sabrás utilizar el cerebro para prevenir una tontería.
>
> —Sólo los ignorantes se dejan llevar por un impulso. Tú no eres así.

Fomente en lo posible la autoestima y la confianza en sí mismo para mejorar su autodominio y también para encauzar el interés del joven hacia otras áreas: académica, deportiva, etc.

¡RECUERDE!

El ser humano es inteligente. Esto quiere decir que puede controlar todos los impulsos, también el sexual. A diferencia de los animales, el hombre es dueño de sí mismo y responsable de sus actos.

IX. Las relaciones sexuales en la adolescencia tardía

«CON MI VIDA HAGO LO QUE ME DA LA GANA»

—Sofía, ¿cuántos años tienes?

—Dieciséis.

—¿Y tu novio?

—Lo mismo. Y no es mi novio. Sólo salimos juntos.

—¿Cuánto tiempo lleváis saliendo juntos?

—La semana próxima celebramos nuestro tercer mes.

—¿Le quieres?

—¡Qué pregunta!, ¡pues claro!

—Y él, ¿te quiere?

—Eso dice.

—¿Tenéis contacto sexual?

—Pssse.

—¿Cuántas veces?

—Jo, oiga, me hace usted unas preguntas...

—¿Sólo lo habéis hecho una vez, dos, más?

—Dos veces... a la semana. A veces, tres. Depende.

—¿De qué depende?

—De si podemos estar solos en mi casa o en la suya. Hacerlo en el coche no me gusta y en un sitio público tampoco.

—¿Saben tus padres que tienes relaciones sexuales con él?

—Ni se les ha pasado por la cabeza. No me dejarían salir más. ¡Me matarían! ¡Se pondrían completamente histéricos! Oiga, esto que yo le cuento... ¿no estará grabándolo usted o algo así, verdad?

—No, Sofía. Puedes estar tranquila. ¿Qué harías si te pillan?

—Les diría que tengo derecho a hacer lo que quiero con mi vida y mi cuerpo. Ellos no tienen derecho a mandarme lo que tengo que hacer conmigo misma.

—¿Te gusta hacer el amor con él?

—Sssee. Claro.

—¿Tienes orgasmos?

—Pssse, nnee... no sé.

—¿Utilizas algún método anticonceptivo?

—A veces, él se pone condones.

—¿A veces?

—Pssse. No siempre. A veces, no los tiene a mano. Y además lo de ponérselo enfría mucho. Sabemos hasta dónde podemos llegar.

—¿Has oído hablar de las enfermedades de transmisión sexual?

—¡Claro!

—¿Y no te preocupa haber contraído una?

—Oiga, ¡ya le he dicho que sé lo que hago!

—¿Estás segura de que tu novio jamás ha tenido relaciones sexuales con otra persona?

—A lo mejor lo ha hecho cuando salió con Coral B... Bueno, él no tiene nada raro, ¿entiende?

—¿Habéis hablado de ello?

—No. Cuando me nombra a esa tía, me entra una rabia... Es que todavía le persigue. Está neurótica.

—¿Qué pasaría si de pronto, mañana, se da cuenta de que tiene algo? Ya sabes que los síntomas se notan después de que se ha contraído la enfermedad.

—Le diría que es un hijo de puta, cabrón. Le dejaría plantado. No querría saber nada más de él.

—¿Y después qué harías?

Sofía se pone muy nerviosa.

—Joroba, ¡pues qué iba a hacer!, ir a un médico y todo eso.

—¿Se lo contarías a tus padres?

—Procuraría que no se enteraran.

—Sólo tienes 16 años. Eres menor. Te será difícil arreglártelas sola. ¿Qué harías?

—Pues se lo tendría que decir, ¡tiene traca la pregunta!

—¿Cómo crees que reaccionarían?

—Oiga, se está usted pasando cantidad. Si yo les dijera mañana que un tío me ha pegado el sida, se agarrarían un flipe que te cagas y después me matarían.

—Parece ser que tus padres son muy violentos.

—Sólo con el tema del sexo. No sabe usted lo carrozas que son.

—¿Cómo lo sabes?

—Lo noto. Lo sé. ¿Vale?

—¿Has pensado que te puedes quedar embarazada?

—No mucho. Prefiero no pensarlo.

—¿Y si yo te dijera que estás embarazada?

—¿¿¿Estoy embarazada??? ¡Amos, oiga, no fastidie!

—Sólo pregunto qué harías.

—No sea usted plasta. Cuando ocurra ya pensaré en algo.

—¿Le gustaría a tu chico tener un hijo *Ya*?

—Supongo que le daría el canguis, y me dejaría plantada.

—No quiere el hijo, te deja plantada, estás embarazada. ¿Qué haces tú entonces?

—Decirle que es un mariconazo, un hijoputa de mierda. Casi será mejor que nunca más vuelva a saber de él.

—A pesar de esto, sigues haciendo el amor con él sin protección. ¿No te parece que sales perdiendo?

—Psssse. Psssse. Salgo perdiendo.

—¿Se te ocurre algún medio de evitarlo?

—Tengo que pensarlo. Me ha hecho usted tantas preguntas que me hierve el coco. Supongo que me tengo que poner las pilas. No sé. Lo voy a pensar.

Quizá la conversación anterior [1] parezca exagerada. Tal vez haya muchos adolescentes que no sean tan imprudentes, tan

[1] Conversación ficticia.

poco maduros o tan activos sexualmente, pero algunos, entre 15 y 17 años, sí lo son.

Estos jóvenes no sólo practican el sexo completo, también alegan que tienen derecho a ello, que son dueños de su propio cuerpo, y que hacen con su vida lo que les da la gana. Además, se creen inmunes a los efectos secundarios. Es el primer peligro de todos.

Algunos inician un contacto sexual pleno para mitigar problemas, compensar su baja autoestima o fastidiar a sus padres; otros lo hacen porque se han enamorado hasta el tuétano, o porque tienen la moral débil. Los padres no pueden controlar la vida del adolescente veinticuatro horas al día, pero sí informarle de manera adecuada para que, haga lo que haga, evite el riesgo.

> —Pues a mí me parece fatal tanta libertad. Me niego a tolerar que mi hija tenga relaciones sexuales plenas con 16 años. Es demasiado joven. Es una barbaridad.

Estoy completamente de acuerdo con usted, pero ¿lo estará su hija? ¿Se cree usted capaz de garantizar que su hija no caerá en una relación irresponsable? ¿Qué es mejor, prevenir la enfermedad o curarla? Muchos especialistas aseguran [2] que el joven con formación es más responsable y no está obsesionado con el sexo. Las investigaciones confirman que estos adolescentes prefieren la amistad y el triunfo académico antes que las relaciones sexuales. Para ellos tener una relación sexual plena no es fruto de la casualidad. El sexo sin amor no les parece divertido.

[2] A. M. Juhasz, B. Kaufman y H. Meyer, «Adolescent Attitudes and Beliefs about Sex Behavior», *Child and Adolescent Social Work,* núm. 3, Nueva York, 1986, págs. 177-193.

Fomentar el diálogo y mejorar su formación

—Mi hijo sabe muy bien lo que tiene que hacer. No es estúpido, ¿sabe?

—¿Mi hija? Imposible. Es una hija modelo. No es capaz de darme un disgusto de este calibre.

¿Seguro? Piénselo otra vez. No se trata de estupidez ni de despecho. Nos referimos a la *ignorancia*, la falta de formación, la carencia de valores firmes. Si su hijo tiene una opinión distinta de la suya con respecto a las relaciones sexuales, ¿cómo reacciona usted? ¿Está completamente seguro de que su hija le cuenta todo? Debe tratarse de una excepción, porque la mayoría de los adolescentes omite parte de la historia:

—Cada vez que digo algo, aunque sea un ejemplo, mis padres me asan a preguntas, porque están convencidos de que ya lo he hecho, y no es verdad. Se les incrusta la idea en las neuronas y no se apean del burro. Así que prefiero cerrar el pico.

Ningún padre tiene la garantía de que su hija llegue virgen al matrimonio. Tampoco puede impedir por completo que el chico contraiga una enfermedad si no toma precauciones. Conviene que lo asuma. Sólo así querrá ayudarle a prevenirlo.

—No sé si voy a ser capaz de escuchar con serenidad sus ideas sobre hacer el amor. Sólo pensar en los disparates que voy a tener que oír, se me ponen los pelos de punta.

Si carece de serenidad ahora, que no ha pasado nada, imagine la poca que va a tener usted cuando averigüe que está embarazada o que ha contraído una enfermedad de transmisión sexual.

Hablar en presente

Recuerde que los adolescentes desconocen el significado de un futuro lejano. Siempre les resulta hipotético y abstracto. Cuando comente los efectos negativos del sexo irresponsable, hable como si fueran a producirse en un corto plazo de tiempo.

Desmitificar el sexo

Insista en que el sexo no mejora o estropea el noviazgo. Una relación firme no consiste sólo en sexo pleno. Necesita algo más importante: que los miembros de la pareja puedan hablar con libertad y confianza cuando están juntos, disfruten de las mismas cosas (deportes, ocio, etc.) y se sientan merecedores y orgullosos el uno del otro.

Sugiera a sus hijos que la relación sexual plena no es imprescindible en el amor adolescente. Enamorarse es fantástico, pero tener relaciones sexuales quizás no lo sea tanto. Muchos jóvenes no están emocionalmente preparados para asumir una atadura física irresponsable. Explique a su hijo que la relación sexual es madura sólo cuando:

— Ningún miembro de la pareja *obligue* al otro.

— Estén de acuerdo en que *ambos deben* tomar precauciones contra el embarazo y las enfermedades.

— Estén dispuestos a afrontar juntos un posible embarazo o enfermedad.

— Disfruten juntos otros aspectos de su relación. Lo pasen bien cuando hablan, hacen algún deporte, van al cine, etc.

Ayudar a su hija a decir *no*

CUADRO 9 TÓPICOS INACEPTABLES SOBRE LAS CHICAS
— Si una chica ha tenido relaciones plenas con un chico es que le va el rollo sexual y está dispuesta a hacerlo con cualquiera. — Si un chico llama a una chica para salir y ella accede es porque está dispuesta a hacer el amor con él. — Cuando una chica acepta el *petting* y el *necking* * está pidiendo *guerra.* — Siempre hay que forzar un poco. A las tías les encanta hacerse de rogar. Aunque al principio se nieguen, luego les *mola* cantidad. Cuando una tía dice *no* quiere decir *sí.*

—Laura, si no querías, ¿por qué lo hiciste?

—Pues ¿por qué va a ser? Porque salimos juntos, ¿cómo le iba a decir que no? Se enfadaría mogollón. Empezaría a salir con Raquel. Todos dicen que ella no pone pegas. [3]

Algunas chicas (sobre todo al principio de la adolescencia tardía) no están preparadas para las relaciones plenas; tienen una idea romántica del amor; disfrutan de caricias y besos, de la compañía y la conversación de un chico; desean que las mime, las venga a buscar, las llame por teléfono, las defienda, vaya con ellas a fiestas, etc. Quieren sentirse importantes, saber que merecen la pena; pero muchas prefieren disfrutar de este

[3] Conversación ficticia.

amor sin sexo completo. El problema es que no saben decir *no*, cuando quien las llama por teléfono, acompaña a fiestas, etc., insiste en obtener una recompensa física a cambio. Los motivos para no rehusar son de diversa índole:

- Carece de seguridad en sí misma: teme que la deje inmediatamente por otra.
- No quiere que el chico la considere infantil y mojigata, sobre todo si practican el *petting*.
- Desea demostrar al chico que le quiere (aunque sea a costa de ese sacrificio).
- Teme herir los sentimientos del chico.
- Cree que todas las chicas de su edad lo hacen.

Algunos padres intentan convencer a su hija de que los chicos quieren más a las chicas que se hacen respetar. Este argumento puede que funcione, pero resulta más eficaz reforzar la seguridad de la chica con una razón que no dependa tanto del chico (Te querrá si.../No te querrá si...). Es más oportuno que el motivo para decir *No* se fundamente en lo que piensa o siente *ella*.

> —Usted se equivoca. Si le digo a mi hija que es libre de elegir lo que ella quiera, le estoy dando permiso para que diga *Sí*.

Es un riesgo que conviene correr. Tenga su permiso o no, ella podría salir con un chico que intente presionarla. Lo esencial es que su hija tenga las ideas claras y no deje que el chico la obligue a hacer algo que no quiere.

• Las chicas corren un riesgo mayor que los chicos: se pueden quedar embarazadas. No están en igualdad de condiciones. Ella tiene más que perder y, por tanto, es la que debe elegir.

• Las mujeres, debido —entre otras cosas— a su complicado sistema hormonal, no siempre disfrutan con el coito.

• Muchas chicas no quieren tener una relación física completa hasta que no encuentran el amor de su vida, y a veces tardan bastante.

CUADRO 10

TÓPICOS ACERCA DE LOS ANTICONCEPTIVOS

— No uso preservativos, pero no importa. Seguro que a mí no me puede pasar. Sólo lo hago de vez en cuando y además tengo cuidado.
— Cuando una chica exige que te pongas un condón es porque se siente culpable. Cree que estamos haciendo algo malo.
— Las chicas son las que se quedan embarazadas. Allá ellas si no toman precauciones.
— No te quedas embarazada si después de hacerlo te «duchas» con una botella de Coca-Cola. ¡Es muy fácil! *
— No compro anticonceptivos, porque cuando lo haga, seguro que mis padres me pillan. Mi madre es una cotilla. Me registra el cuarto. No tengo dónde esconderlos.**
— Los anticonceptivos quitan el placer sexual.
— Los anticonceptivos dan cáncer. Lo he leído en una revista científica. Todos dan cáncer.

* Las chicas que utilizan este método no compran duchas vaginales de venta en comercios o farmacia, porque no desean que la madre las vea. En cambio, una bebida gaseosa no despierta sospechas.

** Algunas chicas piden prestado ¡el diafragma! a una amiga o se lo quitan a la madre para no tener que ir a un médico.

• El coito no es un favor, no es algo que se da o se recibe. Debe ser una decisión tomada por los dos miembros de la pareja para el disfrute de ambos.

• El coito no es una garantía que asegura la continuidad de la relación: «Si quiere dejarme para salir con otra chica, lo hará, aunque yo ceda ahora en lo que me pide.»

• No hay que hacer el amor sólo cuando a él le apetezca. No existe ni un solo motivo para que la chica tenga que adaptarse a lo que él quiere si no es su deseo.

• Cuando una mujer dice *no*, siempre tiene buenas razones para ello. Y, si a pesar de que se le ha dicho claramente él no hace caso, la chica debe marcharse. Cuando no puede hacerlo (porque está en un coche, lejos de casa o no tiene dinero), ha de presionarle diciendo que se lo va a contar a alguien: «Mis amigas (o padres) saben que estoy contigo. No me gustaría tener que contarles lo que me estás obligando a hacer.»

Prevenir el embarazo

Cómo hablar de anticonceptivos con los hijos

> —Óyeme bien, hijo, si alguna vez cometes la imprudencia de hacer el amor completo con una chica, ten cuidado, ¿entiendes?
>
> —Sí, papá, entiendo.
>
> —Mira, hija, si alguna vez te ocurriera que no puedes evitar hacer el amor con un chico, dímelo enseguida para que te vea un médico.

De muy poco sirve la advertencia de «Ten cuidado». Hay que enseñar cómo se tiene cuidado *exactamente*, pues muchos adolescentes lo ignoran por completo.

En muy raro que la chica cuente nada a la mañana siguiente, y si alguna vez se requiere la intervención del médico, con frecuencia es para que confirme un embarazo inevitable.

El lector ha podido comprobar los mitos que circulan entre algunos adolescentes. Dos de cada tres adolescentes *jamás* hablan de anticonceptivos con sus padres. Es comprensible. Enseñar a los hijos cómo se utiliza un anticonceptivo puede llevar a pensar que se les está animando a que sean promiscuos: algunos padres opinan que el embarazo no deseado o la enfermedad constituyen una barrera lo bastante fuerte contra el impulso. En cambio, si se les ofrece una solución, la barrera se esfuma y ya sólo queda el desenfreno sexual.

Sin duda, es una decisión complicada que abarca tres aspectos:

1. Los valores morales de los padres.
2. El apetito sexual de los hijos.
3. El mal (enfermedad o embarazo) que podría evitarse.

Cuando los padres se planteen la conveniencia o no de enseñar a sus hijos qué es un anticonceptivo o cómo se usa, es importante que evalúen lo siguiente:

— Cuando los padres adviertan «Ten cuidado» en absoluto se está garantizando la virginidad o la prudencia del adolescente.

— La postura contundente y negativa hacia las relaciones sexuales adolescentes puede incitar al joven a no querer decepcionar a sus padres; pero tampoco en este caso hay garantía de que el joven se prive de *un accidente*. Sólo se evita el contacto sexual pleno cuando el adolescente haya interiorizado las razones para no tenerlo y las haga suyas.

— El hecho de que los padres hablen de anticonceptivos con su hijo no implica que éste vaya a convertirse en una máquina de sexo y tampoco que los utilice. Lo único seguro es que se le explican los riesgos que acarrea una relación sexual imprudente y cómo combatirlos.

El 90 por ciento de los padres detestan que su adolescente (sobre todo la hija) tenga relaciones sexuales plenas. Les parece demasiado joven, poco maduro, proclive a los noviazgos intermitentes y breves. Les preocupa que intercambien sexo con varias personas, que el acto físico esté desprovisto de amor duradero, de compromiso, de proyecto de futuro.

Pero al mismo tiempo saben que no pueden controlar, imposibilitar, la relación sexual adolescente.

¿Cómo hablar de anticonceptivos y al mismo tiempo dejar clara una postura negativa hacia el sexo? Lo ideal es mencionar ambas cosas, unir ambos conceptos siempre que se toque el tema y, desde luego, insistir varias veces en ello, porque un mensaje es como una gota de agua en una jarra. Prueba de ello es que por muchas veces que se le explique a una chica cómo funciona su ciclo menstrual, no suele distinguir cuáles son los días fértiles.

> —Ya sabes que soy contraria/o a que la gente de tu edad tenga relaciones sexuales plenas. Por eso, te resultará extraño que quiera hablar contigo de anticonceptivos. Lo hago, porque algún día quizá te enamores y, cuando llegue ese momento, quiero que sepas lo que tienes que hacer. Me gustaría ofrecerte ahora la información que necesitarás entonces.

Hay que poner cuidado para que no interprete el comentario como un ataque, una vil insinuación. Es mejor hablarle cuando todavía tiene 12-13 años, antes de que empiece a tener ligues fijos ya que es difícil conseguir que escuchen con serenidad este mensaje a partir de los 16-17 años, cuando creen saberlo todo, se niegan a hablar de ese tema con los padres, esconden celosamente su intimidad o lo toman como una acusación. Pero si se ha hecho demasiado tarde o el adolescente se niega rotundamente a escuchar a sus padres, puede que el médico de la familia sea el más idóneo para abordar el asunto.

CUADRO 11

ERRORES Y REALIDADES DE LAS ETS

Errores

— Sólo coges algo raro cuando haces el acto completo.
— No puedes tener ninguna enfermedad de ésas si te duchas con frecuencia.
— No puedes tener una ETS si te lavas bien después del acto.
— En cuanto pillas algo lo notas enseguida. Te entra inmediatamente un picor insoportable por todas partes.
— La única enfermedad seria de verdad es el sida, pues las otras se quitan con pomadas que te dan en la farmacia.
— En cuanto deja de picarte, ya no hace falta que te sigas poniendo la pomada.

Realidades

— Son muy contagiosas.
— La mejor manera de evitar contagio es no tener contacto sexual con muchas parejas ni con una persona con ETS.
— Los síntomas no son inmediatos y hay que conocerlos.
— El único medio para combatirlas es un tratamiento prescrito por el médico.
— No sólo se curan con pomadas.

Informar adecuadamente sobre las enfermedades de transmisión sexual

Cuando se relaciona la palabra *sexo* con *enfermedad*, muchas veces se piensa en el sida. Sin duda, es la enfermedad de transmisión sexual (ETS) más peligrosa, la que conduce a la degeneración total, a la muerte. Pero hay otras ETS que afectan a quienes cambian con frecuencia de pareja, como, por ejemplo, los adolescentes. De ellas se hablará en este apartado.

Lo que tiene que saber un adolescente sobre las ETS

1. Las ETS son muy contagiosas. Se transmiten mediante el coito, los besos, las caricias y a veces simplemente por el mero contacto físico [4], por lo que se deduce que el coito no constituye la única vía de contagio. Los gérmenes se instalan en los genitales y se transmiten a otra persona a través de la piel, si hace *petting* con la persona enferma.
2. La manera más eficaz de evitar el contagio es no tener contacto sexual con muchas parejas ni con una persona con ETS. Tampoco con quien mantenga a la vez otras relaciones. Aunque se tenga relación con una pareja estable, se debe utilizar siempre preservativo.
3. Los síntomas de las ETS no son inmediatos. Una persona puede estar infectada y no saberlo hasta después de un

[4] Algunos autores afirman que las ETS se contagian con el mero contacto de la piel con el germen. Esto implica que se puede contraer la enfermedad cuando se acarician o besan los genitales de la persona enferma. Otros autores, en cambio, aseguran que no existe ninguna evidencia de que las ETS se contagien mediante el *petting*, siendo el coito el único medio de transmisión.

tiempo; sin embargo, contagia desde el primer momento. Los síntomas más frecuentes son:

— Escozor al orinar.
— Orina oscura.
— Secreciones anormales de la vagina, el pene o el ano, de color blanco, verdoso o amarillento, a veces con mal olor.
— Picor en cualquier sitio de la zona púbica, en el interior de la vagina o el pene, o en cualquier parte del cuerpo recubierta de pelo.
— Dolor en la parte baja del abdomen o zona pelviana.
— Erupciones cutáneas.
— Llagas, especialmente en la zona genital o anal.
— Verrugas, ampollas o bultos en la zona genital o anal.

Días después la enfermedad hace aparición con virulencia. Es contagiosa desde el primer día.

4. Aunque los síntomas hayan desaparecido, los gérmenes siguen vivos. El único medio para combatir la enfermedad es un tratamiento prescrito por el médico. Si ha mantenido o mantiene relaciones sexuales con una pareja, ambos deben seguir el tratamiento.

5. Las ETS no sólo se curan con pomadas. Muchas veces es necesario el empleo de antibióticos. Hay que acudir a un médico lo antes posible.

TERCERA PARTE
El mundo exterior y sus peligros

X. El grupo de amigos

Los amigos son la tabla de salvación que ayuda al joven a independizarse de los padres. En el capítulo IV el lector ha podido informarse sobre cómo el adolescente es devorado por una notable ansia de autonomía y al mismo tiempo por el miedo e inseguridad que le produce ser independiente. A medida que el joven decide explorar el mundo ajeno al hogar, los lazos que le unían a sus padres se debilitan y en su interior se desata una batalla campal de sentimientos contradictorios: «Soy perfectamente capaz de hacerlo yo solo/ No me atrevo a hacerlo yo solo.» Por este motivo busca por todos los medios una seguridad que sustituya a la que obtenía en casa. La encuentra en el grupo de amigos.

PRINCIPALES QUEJAS DE LOS PADRES

Las quejas de los padres se resumen en tres muy significativas:

1. «Sólo quiere estar con sus amigos. Odia salir con nosotros.»
2. «No sale nunca.»
3. «Temo que la pandilla sea una mala influencia.»

«Sólo quiere estar con sus amigos. Odia salir con nosotros»

Durante la infancia el niño y la niña pueden asegurar que tal o cual otro niño es su mejor amigo, pero, en realidad, la mayoría no pone pegas a la hora de jugar con cualquiera. Hacia los 13 años el chico y la chica tienden a unirse con tres o cuatro *íntimos* amigos del mismo sexo con los que comparten características, aficiones e intereses: el mismo curso escolar o gusto por un deporte, un tipo de música, una forma de ocio, etc. Sin embargo, el punto de conexión fundamental entre ellos, lo que determina que se decanten por un grupo y no por otro, es la idéntica actitud de todos ellos hacia los padres y el colegio. La pandilla de amigos es muy importante para el adolescente, constituye su *otra familia*, le ofrece seguridad, confianza en sí mismo y es la mejor vacuna contra la soledad, la angustia, la apatía o el aburrimiento.

En la pandilla no todo el mundo es bienvenido. Los grupos de adolescentes tienden al esnobismo, a la distinción de clases, al establecimiento de categorías humanas que no se mezclan entre sí: entre las *empollonas* no hay *drogatas*, los *pijos* no admiten *horteras*, los *yogurteros** evitan a los *tiraos*, etc.

Los jóvenes que forman una pandilla se sienten especiales, diferentes, y tienden a presumir de sus rasgos distintivos: forma de vestir, hablar, contar chistes, jugar durante el recreo, etc. Cuando alguno de sus miembros tiene alguna duda sobre qué hacer o cómo actuar en tal o cual situación, el grupo le facilita la respuesta. De este modo, en la pandilla los chicos y las chicas aprenden a conocerse a sí mismos en relación con los demás, hacen frente común contra todo lo que agrede su independencia y se prestan apoyo para combatir la incomprensión de la que son *víctimas* en el hogar (límites horarios, normas, dinero, etc.).

—Oye, tío, ¿hasta qué hora te dejan salir hoy? Mi padre me ha dicho que tengo que volver a las once, el muy asqueroso, me trata como si fuera un enano de mierda.

—A mí también, pero he contado que a ti te dejan hasta las doce y me han dicho que vale, que entonces vuelva a las doce.

—Jo, tronko, qué morro tienes. Pues yo voy a hacer lo mismo, pero voy a decir que te dejan hasta las doce y media.

La pandilla permite al joven soltar los lazos que le sujetan a su familia, lo que no siempre es fácil, porque algunas madres se empeñan en mantener el apego de la criatura y algunos padres asfixian el deseo de autonomía con férreo autoritarismo. Con el grupo no pretende huir de casa, sino que desea conocer el mundo exterior en compañía de otros para no caer en el extravío. Su pasión por la pandilla no se debe tanto a la necesidad de emancipación de los padres como a la de búsqueda y exploración de todo lo ajeno al hogar. El hecho de *ser del grupo* mitiga el temor al fracaso y a lo desconocido, permite descubrir una nueva identidad sexual, social y emocional y ayuda a compartir frustraciones, fracasos, dudas y necesidades. El éxito con los estudios o el deporte es muy importante, pero la auténtica felicidad del adolescente, lo que otorga dimensión y sentido a su vida empieza y termina en los amigos.

Un reto importantísimo: ser líder del grupo

¿De qué depende el éxito? ¿Por qué unos adolescentes tienen más fama que otros? ¿Qué razón empuja a los jóvenes a pelearse por *gozar* de la compañía de un chico/chica concreto? La clave está en la *personalidad*. El adolescente con personalidad se muestra original, amigable, ingenioso, hábil, entusiasta, divertido, atento, inteligente, actúa como corresponde a una persona de su edad y es capaz de tratar a los demás como desean ser tratados. No siempre los líderes gozan de tales habilidades, pero las tienen en mayor proporción que el resto de los miembros del grupo. El adolescente con dotes de líder es alguien capaz de *hacerse querer*, *respetar* e *imitar* por los demás.

Al principio de la adolescencia el liderazgo depende también de *saber estar en el rollo* mejor que nadie, es decir, actuar con gran habilidad conforme a los cánones que dicta el grupo sobre la apariencia o las actividades que realizan. Este hecho consigue exasperar a más de un padre:

> —Los jóvenes de ahora piden a gritos una buena bofetada para que se les quite la tontería de encima. En mi época sólo «rockanroleábamos». Sin embargo, ahora, mi Javi ha decidido hacer la misma estupidez que los de su pandilla: se ha puesto un pendiente en la ceja, ¡por Dios, qué asco!, para obligarme a apartar la vista de él. ¡Menuda torta les daría yo a todos!

El adolescente lo ve de otra manera: *tiene* que intentar adaptarse a la movida que el grupo impone para no quedarse fuera, para lograr la aceptación social y esquivar el aislamiento o rechazo de sus amigos; y para ser líder *ha de hacerlo* mejor que nadie, demostrar pericia insólita, sorprendente, digna de admiración. En ocasiones, la movida impone consumir drogas, alcohol, las fugas del colegio y otra serie de comportamientos extremos. Sólo en este caso deben intervenir los padres sin dilación; pero si *estar en el rollo* no obstaculiza la salud física o emocional, es importante que el adolescente siga el compás del grupo por muy disparatado que resulte a los ojos de sus padres.

La pandilla de los chicos

La pandilla de los chicos se articula de acuerdo con tres aspectos fundamentales:

1. *Lugar de reunión.* Si los padres se preocupaban por los amigos que la criatura tenía en la infancia, ahora mucho más. La razón es que estos amigos ya no están a su alcance, han dejado de venir a jugar a casa, no saben cómo son sus padres, sus gustos, aficiones, etc. El lugar de reunión pasa de la casa paterna al banco de la calle, la discoteca, el bar, el estadio de fútbol, o cualquier otro sitio que garantice al joven una autonomía fuera del alcance o el control de sus progenitores. Cada grupo posee un lugar de reunión particular.

> —¿En q'moss quedao?
> —A las 10 en «nuestro» banco.
> —Vale, tronko, ssta luego.

Algunos chicos llegan incluso a ocupar lugares deshabitados o solares en los que construyen un refugio privado que les resguarda de otras pandillas enemigas y en el que se reúnen durante los fines de semana con sus camaradas para jugar a las cartas, fumar, beber, oír música, estar con chicas, y sobre todo para compartir ilusiones, proyectos o problemas con la familia, estudios, etc.

2. *La pertenencia: requisito fundamental.* Los chicos son algo más flexibles que las chicas a la hora de aceptar un candidato en el grupo. Mientras no se trate de un tipo *raro* que ponga en peligro los pilares emocionales que sostienen a la pandilla, en general admiten *hacer una prueba* iniciática con cualquiera que esté dispuesto a seguir el ritmo grupal. No obs-

tante, para conseguir la continuidad en la pandilla existe un requisito fundamental: el nuevo no puede ser un *muermo*, lo que en términos prácticos significa que debe estar muy cualificado, o sea, ser alguien con quien apetezca estar, que tenga la habilidad de conseguir que los demás se diviertan y que no se porte como una novicia* cuando haya que defender al grupo. Esta última condición es importante mientras se le *está haciendo la prueba*, por lo que los chicos advenedizos no suelen escatimar en el despliegue de chulería cuando se presenta la ocasión.

> —Joseba Moleño ha dicho que esta noche vendrá a putearnos.
>
> —Que se atreva, el muy bragazas. Voy a hacer que se le caigan los pantalones en cuanto le mire a la cara... que se atreva a venir y ya verá lo que le espera.

A medida que los chicos se acercan a la adolescencia tardía, la capacidad de *meterse en líos* va perdiendo prestigio. Excepto en algunos grupos de tendencia marcadamente bélica (por ejemplo, los *skins*), en general los chicos de 17 años consideran que pegarse es una tontería, salvo cuando se está borracho, en cuyo caso es normal.

3. *Estar en el rollo*. La pertenencia al grupo masculino impone a sus miembros unas marcas corporales (tatuajes, pinturas, heridas), vestimenta, reputación deportiva, social o académica y, en general, todo lo que sirva como distintivo de la pandilla frente a otros grupos. *Estar en el rollo* significa «seguir el ritmo», «aparentar un estilo», «demostrar aptitudes en favor del grupo», pero, sobre todo, «tener éxito con las chicas». El estilo estético que la pandilla adopta suele presentar una imagen audaz, valiente y viril; todo un lenguaje corporal que viene

impuesto por lo que gusta, reclama la atención o escandaliza al sexo femenino.

Algunos grupos de chicos van más lejos. Son pandillas marginales [1], minoritarias, cuyo objetivo fundamental es la provocación estética y de comportamiento. Ostentan moda propia que suele atentar contra todo lo que es ordenado o *normal*. En estos grupos la importancia de las chicas es secundaria; en general, las utilizan para el lucimiento personal más que por enamoramiento.

La pandilla de las chicas

> —Después de Tania, Rosi y yo somos las segundas más guays de la clase, es decir, nadie puede competir con Tania.

La pandilla de las chicas se articula en torno a un único aspecto: *tener fama*.

La fama es el estandarte de las adolescentes. A diferencia del caso masculino, el deseo de hacer vida lejos de sus padres y el amor al riesgo ocupan un segundo y tercer lugar para las chicas, sobre todo en las familias más cultivadas, donde el apego al hogar suele ser más acusado. Las jóvenes no forman pandilla porque quieren escapar de casa, sino para confirmar que son dignas de admiración y valía fuera del hogar. Todo lo que hacen y a lo que aspiran es a *ser guays*, lo que significa no sólo que las inviten a todas las fiestas y las llamen por teléfono sin tregua, sino también que cumplan sin tacha con una serie de requisitos superficiales como el tipo de ropa que llevan, el peinado, los gustos, los ídolos musicales (los clubes de fans son un fenómeno social hecho a medida de las adolescentes), etc.

[1] Véase el capítulo XIII.

Durante la pubertad y la adolescencia media las chicas dan mucha importancia al hecho de *tener fama* entre sus compañeras de clase; lo consideran el trampolín que las lanzará al éxito con los chicos, sobre todo porque la popularidad, además, envuelve a la afortunada con un halo áureo que la hace admirable, envidiable e inalcanzable al mismo tiempo.

Todas las chicas buscan el reconocimiento de las demás para mitigar la continua amenaza de *no caer bien*. Quien no cae bien no es nada ni nadie y lo peor es que, además, su defecto es considerado *contagioso*, lo que hace que entre las jóvenes flote un permanente ambiente de cruel vigilancia.

> —Mamá, ¿puedo decirle a Tania que se quede a dormir en casa cuando volvamos de la discoteca?
>
> *Al final de la discoteca vuelve a casa con Rosi.*
>
> —¿No ibas a venir con Tania?
>
> —No, mamá, todas han dicho que Tania empieza a caer mal. Rosi es mi nueva mejor amiga.

La chica, para aliviar su inseguridad, necesita establecer lazos de unión sólidos, casi amorosos, con una amiga a la que admira y que a su vez es ensalzada por las otras componentes de la pandilla, lo que desencadena escenas de celos entre las rivales. Cualquier comentario de la *adorada*, aunque sea trivial, fomenta la sospecha de que algo no marcha bien.

> —Oye, Rosi, me he comprado una camiseta heavy que es la pomada.
>
> —Ya, te la vi ayer puesta.
>
> —¿Por qué no me dijiste nada? ¿Es que no te pareció guay?
>
> —Bueno, te lo iba a decir, pero estábamos en el examen de mates.
>
> —¡Ah, qué susto! ¿Quie'sss un chicle?

La adolescente de 11 a 13 años manipula la situación para mantener inalterable la fidelidad de amiga-ídolo y planifica de una manera maquiavélica la estratagema ideal para alejar posibles contrincantes, sin importarle lo mordaz o hiriente que pueda ser. Si ahora Rosi es la favorita, hay que apartar a Tania con urgencia de ella, aun a costa de una mentira atroz:

> —¡Hola, Tania!
>
> —¡Hola!
>
> —Mira, creo que debes saber que las de la pandilla cuchichean a tus espaldas. Dicen que eres hipócrita, creída y que llevas unas botas horribles.

La pandilla femenina se desintegra por ensalmo en el instante en que sus componentes empiezan a salir con chicos, ya que desde ese momento se adaptan al ritmo que ellos imponen y toda su atención se centra en tener éxito con ellos, aunque para ello tengan que traicionar a su mejor amiga haciendo lo posible por ligar con *el que le gusta* a la otra.

«No sale nunca»

Las razones por las que un joven se niega a salir de casa son de diversa índole y han de considerarse con seriedad cuando el chico o la chica traspasan el umbral que les introduce en la adolescencia tardía. El adolescente de 16 años que esquiva la compañía de personas de su edad ha de ser observado, pues quizá necesite ayuda. Lo esencial es averiguar *por qué* se refugia en el hogar: ¿ansiedad?, ¿inseguridad?, ¿timidez?, ¿rechazo por parte de los demás?, ¿aburrimiento?, ¿apatía?, ¿depresión? *¿De qué* huye? ¿Una mala experiencia en el colegio, con el sexo contrario, en los lugares de ocio?

Algunos padres intentan arreglarlo animando al hijo a que salga con amigos, ofrecimiento que él suele rechazar de forma sistemática. Aunque quisiera frecuentar amigos y formar parte de un grupo, *no puede*, *no le dejan* o *no se atreve*. Ante la insistencia de los padres miente, disimula, hace que tiene un plan y pasa el tiempo a solas en un parque, en un cine o en cualquier otro lugar; o también es posible que los padres se empeñen en invitar a casa a un chico o chica, cosa que el hijo tiende a aceptar con desgana y no suele conseguir que el invitado pase un buen rato.

CUADRO 12

SEÑALES DE ALARMA DE UN ADOLESCENTE QUE NO SALE NUNCA

— Pasa la mayor parte del tiempo solo y busca excusas para no salir con personas de su edad.
— Arrastra este comportamiento desde hace tiempo.
— No cuenta anécdotas sobre personas de su edad ni sobre las actividades que llevan a cabo.
— Nadie le invita ni cuenta con él para compartir los ratos de ocio.
— Se queja de que no tiene amigos, de que no se divierte o de que los de su edad no le comprenden.
— Se muestra inmaduro, arrogante, agresivo o angustiado cuando se relaciona con los demás.

El joven que «cae mal»

El adolescente que no gusta, al que se excluye del grupo o cuya compañía se evita, no posee ni una sola de las gracias que caracterizan al líder, sino que, por el contrario, repele a los demás con su forma de actuar. Algunos son engreídos, llaman constantemente la atención hacia su persona. Otros se muestran agresivos, siempre están a la defensiva, escupen hostilidad y la provocan al mismo tiempo, tienden a interpretar de forma errónea cualquier situación social en la que, para no ser atacados, atacan primero. Los hay aburridos en extremo, carentes de entusiasmo, apáticos, tienen embotada la capacidad para divertirse y siempre se empeñan en *aguar la fiesta*.

Los especialistas aseguran que la mayoría de los adolescentes que caen mal carecen de autoestima, suelen fracasar en sus empeños y sufren serios problemas de confianza en ellos mismos. Por ello, conviene que los padres animen al hijo a desarrollar líneas básicas de comunicación y respeto con sus semejantes, que estimulen su capacidad para cooperar e ilusionarse, que le ayuden a sentirse útil y válido. La intervención de un terapeuta puede resultar de gran provecho.

El joven acomplejado

El adolescente es proclive a sentirse inferior y a tener dudas sobre sus propias capacidades, pero al mismo tiempo a disimularlo con un comportamiento contrario: fanfarronea, se encuentra genial, provocador y alardea de audacia sin límite. [2] Algunos adolescentes, en cambio, no consiguen tal equilibrio y en este caso la balanza se inclina hacia el sentimiento de inferioridad, desencadenando un complejo. El afectado se encuentra inútil de forma permanente (no sólo por un motivo circunstancial y pasajero). Como mecanismo de defensa opta por dos salidas:

[2] Véase el capítulo V.

1. Se retrae, huye del contacto con los demás, se vuelve arisco, profundamente antipático o, por el contrario, modesto de forma exagerada.

2. Intenta enmascarar su desprecio hacia sí mismo con aires de grandeza, mostrando superioridad, forzando una imagen de su persona inadecuada que a ojos de los demás resulta patética, por lo que se burlan de él o le critican con severidad, sumiendo al afectado en un círculo vicioso lleno de amargura. En este caso el tratamiento debe llevarlo a cabo un terapeuta que ayude al afectado a comprender el origen del problema y que le ofrezca pautas de comportamiento y autoestima.

El joven tímido

No hay que confundir el complejo de inferioridad con la timidez. El tímido puede *caer bien*, el acomplejado casi nunca lo consigue. La persona tímida tiene pavor a llamar la atención, a que se fijen en lo que hace o dice. Teme hacer el ridículo y cree que los demás le prestan atención porque inspira pena. El sufrimiento más acusado del tímido se produce cuando *nota* que los demás se han percatado de su vergüenza o apuro.

> —Odio que las idiotas de mi clase digan a gritos: «¡Te has puesto roja, te has puesto roja!», como si tuvieran que avisarme por si acaso no me he dado cuenta. Odio ponerme colorada y las odio a ellas por decírmelo.

El 82 por ciento de los jóvenes se autodefinen como tímidos. En realidad, se refieren a que sienten vergüenza cuando tienen que hablar en público, acercarse a alguien del sexo opuesto o dirigirse a un desconocido. La timidez enfermiza va más allá: afecta la estabilidad emocional y la satisfacción personal; crea problemas sociales, impide que se pueda conocer a gente nueva, deja al afectado anclado en una actividad muy por debajo de sus capacidades, y para colmo, además, provoca juicios equivocados hacia su persona: le tachan de *snob*, antipático, tonto, etc.

La reacción del tímido puede manifestarse de diversas maneras:

— El joven se abandona, se aísla y cae poco a poco en un estado de letargo social o de angustia que le impide relacionarse con los demás.

— Busca vías de escape que le ayuden a *atreverse*: drogas, alcohol o sectas peligrosas.

CUADRO 13 SEÑALES DE ALARMA DE UN ADOLESCENTE TÍMIDO
— El joven no tiene uno o dos amigos íntimos con los que habla de forma distendida y feliz. — Cuando está con gente, se muestra bloqueado (suda, está ansioso, le duele el estómago) o exageradamente modesto, como si tuviera que pedir disculpas a los demás por su sola presencia. — Se niega a ir a fiestas porque las odia, así como a realizar cualquier actividad que implique conocer a alguien nuevo. — En el colegio teme profundamente que el profesor se dirija a él en público, aunque sea para felicitarle.

«Temo que la pandilla sea una mala influencia»

Los chicos y las chicas eligen a personas con gustos, aficiones e intereses parecidos a los suyos, amigos que les valoran como ellos quieren que se les valore, que hacen cosas con las que se divierten. Por este motivo es poco frecuente que una chica responsable y estudiosa se junte con otras proclives a las fugas del colegio o que un gamberro se haga íntimo de un grupo de *muermos*.

La influencia del grupo es relativa: la pandilla no elige al joven, sino que, por el contrario, es el adolescente quien se une a personas que comparten sus mismos problemas. Sólo de este modo se siente comprendido y puede luchar. Por esta razón, el que vive en una familia hostil prefiere y busca la compañía de camaradas en situación parecida; así, juntos intentarán dar salida a su frustración mediante el ejercicio de una actividad donde puedan brillar con luz propia. El problema está en que tal actividad suele introducirse en el terreno de lo prohibido, en cuyo caso lo nocivo no es la influencia del grupo, sino *por qué* el adolescente ha escogido tales compañías: el joven que elige el lado pernicioso de la vida ya estaba predispuesto a ello *antes* de entrar en el grupo, y, por tanto, opta por una pandilla capaz de dar salida a tal predisposición.

LAS TRIBUS URBANAS

En ocasiones los jóvenes se congregan en grupos (tribus urbanas) con una identidad asociada al ritmo-danza. Se trata de un fenómeno propio de las grandes ciudades, en el que cada tribu posee unos códigos en la manera de vestir, actuar, gustos musicales y modo de entender la vida. En España las tribus más importantes por orden alfabético son las siguientes[3]:

[3] Información facilitada por la diseñadora de moda española Sara Navarro.

Bakalaeros

El estilo de vida de los bakalaeros o bakalas está muy relacionado con la vida en discotecas durante todo el fin de semana y a la música bakalao*. Los jóvenes bakalaeros suelen ir en manada y cuando circulan en coche, lo hacen con el aparato de música a todo volumen. En el cristal trasero exhiben una pegatina de la discoteca Spuck Factory de Valencia como distintivo. El código esencial es no dormir durante todo el fin de semana, y para conseguirlo ingieren drogas de diseño combinadas con agua.

Su grupo musical estandarte es Front 242 y, por supuesto, la música bakalao, no es más que una versión española, algo cutre, del sonido *house**.

El modo de vestir es muy peculiar. Los chicos usan pantalones negros ajustados, por regla general de cuero, vinilo o algún material sintético; camisas estrechas de color blanco o negro; plumíferos entallados en la cintura y botas negras. Las chicas suelen llevar pantalones cortos o minifaldas negras con medias de color carne, zapatos de punta redonda con plataforma, media melena muy lisa y muy negra y labios rojos.

Grunges

Se pronuncia «grunches». Movimiento urbano neohippy con toques ecologistas que gana cada día más adeptos entre los estudiantes de instituto.

Los *grunges* utilizan prendas demasiado grandes o demasiado pequeñas que adquieren en tiendas de segunda mano; vaqueros viejos, con cortes encima de las rodillas o justo debajo de una nalga y las chicas a veces los llevan con *leggins* debajo;

camisas de cuadros, chaquetas de piel desgastada o, aún mejor, de peluche, también desgastado; zapatillas deportivas blancas (por regla general, Addidas o All Stard) muy sucias, viejas y a menudo sin cordones o también botas militares.

El estilo de peinado es el de melena larga o media, lacia y despeinada en ambos sexos; ellos con perilla mal cuidada y con un franco esfuerzo por adoptar un estilo pobre. El *grunge* fusiona elementos del «hippismo» (lucha contra la violencia, el consumo, el destrozo de la naturaleza), de los *skaters* (adeptos al monopatín) y ciertos trazos de la filosofía *punk*. Dada la enorme aceptación entre niños pijos, los auténticos *grunges* comienzan a acentuar un lado duro y violento que se asemeja al de los *punkies*.

Sus grupos musicales bandera son Nirvana, Pearl Jam* o Smashing Pumpkins.

Hooligers o ultras

Si bien este movimiento tenía un claro papel dentro del ambiente futbolístico, sus fronteras llegan en la actualidad más lejos y los *hooligers* se han convertido en un grupo urbano con claras connotaciones vandálicas. Utilizan la violencia en defensa de los colores de su equipo de fútbol, cuyo triunfo celebran bebiendo grandes cantidades de cerveza y rompiendo el mobiliario urbano. Tienen una marcada actitud agresiva contra todos los que no pertenezcan a su grupo futbolístico y social. Suelen mostrar posturas abiertamente xenófobas, en especial por personas de piel oscura. Sus formas preferidas de expresión son los tatuajes, que exhiben de forma ostentosa, así como los cánticos nacionalistas.

Mods

Los *mods** constituyen una variante de los *rocabillis*. Suelen llevar el pelo lleno de laca y su uniforme es un abrigo tres cuartos negro y viejo y zapatos tipo inglés con suela de goma gruesa. Conducen en pandilla motos Vespa llenas de espejos, que ellos llaman «Jarly Vespinson». Beben combinados como gin-tonic o vodka con naranja, y consumen drogas de diseño.

Su música favorita es la de Madness y Depeche Mode.

Neoecologistas

Los neoecologistas no salen por la noche, no suelen beber ni consumen drogas. Van en bicicleta; practican deportes al aire libre y entre sus aficiones favoritas se encuentra la de acampar. Usan ropas con tejidos naturales, colores ecológicos, calzado anatómico con cámara de aire y botas de montaña. Se ponen gorros de lana y bufandas en invierno. Casi todos son universitarios.

Entre su música predilecta está la de Enya, y la denominada *new age**.

Nuevos románticos

En España también se llaman los *siniestros*. Son un grupo derivado de los *punkies*, pero menos radicales y violentos.

Presumen de introvertidos (casi no hablan) y de mala salud. Tienen aspecto muy pálido y con ojeras, que se pintan para exagerar el aspecto enfermizo. Sus colores favoritos son el negro y el violeta. Utilizan tejidos glamorosos y extravagantes, sobre todo el terciopelo (negro o violeta oscuro). Les gustan los corsés, los guantes, los tacones de punta, las gabardinas negras y se abrochan los cuellos de la camisa desde el primer botón. Llevan botas de cordones con suela gruesa de goma Doc. Martens.

Ellos suelen llevar el pelo teñido de negro corto y despuntado, o peinado hacia arriba, como si se tratase de las hojas de palmera; ellas lo llevan largo, rizado, teñido de caoba muy oscuro, casi morado.

Tanto chicos como chicas usan mucho maquillaje para empalidecer y remarcar facciones siniestras y mortecinas, con los labios pintados de negro o rojo intenso. Utilizan pendientes largos de alambre, muchos anillos de plata o plateados en todos los dedos, y ellas se pintan las uñas de granate oscuro violáceo.

Punkies

Esta tribu aparece a finales de 1976 en Londres, a raíz de una falta total de alicientes entre los adolescentes que terminaban la escuela y no tenían ganas o dinero para iniciar estudios superiores.

Llevan siniestras chaquetas negras de cuero, tachuelas metálicas, pantalones muy ajustados de tejido brillante, por lo general de color negro.

Su objetivo, la provocación estética. Se pintan el pelo de uno o varios colores chillones (incluso negro chillón), y se lo peinan muy tieso en el sentido inverso a su caída natural, en forma de cresta, o, por el contrario, se lo rapan. Son los creadores del *Body Piercing**, aunque, originalmente, en lugar de ensartarse joyas se introducían imperdibles.

Viajan en metro, y adoran los subterráneos, los lugares bajo tierra y los cementerios. Anárquicos, y de aspecto famélico debido a la mala alimentación, sus movimientos son compulsivos y nerviosos. Siempre actúan en grupo. Beben cerveza alardeando de llegar casi al coma etílico. Consumen drogas. Ven el futuro en términos de derrumbamiento y caos social.

El grupo musical más cotizado en los últimos tiempos de los *punkies* es Offspring (su disco *Smach* lleva vendidos más de ocho millones de copias).

Rappers

Los *rappers* surgen en las calles del Bronx de Nueva York hacia los años ochenta.

El nombre del individuo, *rapper,* deriva de su música estandarte: el *rap**. Los *discjockeys* jamaicanos que vivían en Nueva York introdujeron la tradición de las fiestas callejeras alrededor de espléndidos equipos de sonido. Con ellos mezclaban distintos ritmos de baile que volvían locos a los adolescentes de los guetos y los mantenían todo el día en la calle bailando *breakdancing*, que consiste en hacer contorsiones, volteretas, giros y espirales con la cabeza en el suelo, etc.

Las exigencias del baile impusieron un estilo en el vestir: ropa deportiva, chándals, sudaderas, gorras hacia atrás para protegerse de las vueltas en las que se utiliza la cabeza como eje. Utilizan la ropa enorme; por ejemplo, los pantalones suelen llevarse caídos y de al menos dos tallas más de la necesaria. Aunque alardean de un estilo práctico y aparentemente casual, buscan marcas caras.

La tribu *rapper* es la consumidora de *zapas* más fanática de todas las tribus, entre sus marcas favoritas están el modelo Air Jordan, de Nike, y la marca Fila. Los *rappers* llevan el pelo rapado, a veces con complicados dibujos hechos con cuchilla.

Romos

Es el último grito en Inglaterra y probablemente de rápida implantación en España. Pretenden una especie de vuelta al romanticismo. En su forma de vestir cabe destacar las camisas con chorreras, mucho terciopelo color vino Burdeos, turbantes, etc.

Skaters

Los *skaters* es un grupo urbano de adolescentes que patinan por las ciudades.

Utilizan patines de ruedas en fila, cuyo precio alcanza las 25.000 pesetas o más. La marca preferida es Rollerblade. En lugar de llevar las rodilleras (protector para golpes) en las rodillas las llevan en las pantorrillas, justo encima del borde superior de la bota de los patines.

Los *skaters* tienen edades comprendidas entre los 16 y los 20 años. Les gusta la ropa ligera, muy ancha y cómoda, que suele ser de algodón, y se ponen una prenda encima de otra, lo que en su argot se denomina «vestirse como una cebolla». Llevan pantalón bermuda muy ancho que llega por debajo de la rodilla; la camiseta, sobre el pantalón, y se ponen cuatro o cinco en lugar de una camiseta y un jersey. Usan botas Salomón con cremallera y zapatillas Vans; gorras deportivas con la visera hacia atrás sobre el pelo largo o cortado a cepillo.

Fuman porros, consumen drogas blandas y toman bebidas energéticas. Se preocupan por la salud y la dieta. Patinan casi siempre con un *walkman*, y su tipo de música favorito es el *hip-hop*, el *rap*, y a veces el *new wave**.

Skinheads

Los *skinheads* constituyen una banda paramilitar compuesta en su mayoría por chicos, pues la mujer es utilizada únicamente porque permite el lucimiento personal.

Tienen una organización interna con clara distribución de cargos y funciones. Son amantes de la violencia, enemigos de otras razas. Como su nombre indica —*skin*, «piel», y *head*, «cabeza»—, llevan la cabeza rapada o casi rapada. Utilizan vaqueros con camisetas ajustadas, sudaderas Lonsdale con capucha y bolsillo central para meter las manos, pantalones militares, cazadoras de aviador de la marca Alfa, botas Doc. Martens y el verdugo-bufanda, que también sirve para taparse la cara. Beben cerveza en grandes cantidades.

Hay dos variedades de esta tribu urbana: los *redskins* y los *sharps*.

Surfers

Los *surfers* adoran el *surf* y el *windsurf*. En España, las playas de Tarifa son su punto de referencia. Visten con colores fluorescentes, siempre combinados con negro; utilizan materiales elásticos tipo lycra y neopreno, y son adictos a las zapatillas de deporte nuevas, impecables y a los vaqueros. Imitan el estilo californiano de los años sesenta y setenta. Su grupo musical es Bad-Boy* y utilizan sus camisetas.

UN CASO ESPECIAL: LA ENTRADA EN UNA SECTA PELIGROSA

Independientemente del tipo de filosofía que promulguen (política, religiosa, ocultista, esotérica, ufológica, etc.), hay sectas inocuas y las hay muy peligrosas.

Los adolescentes son más proclives al influjo de la secta a finales de la adolescencia tardía, momento en el que suelen poner en tela de juicio la moral y las creencias familiares.[4] En general, quien se deja seducir por una secta sufre desorientación, está inmerso en un clima hostil, dominado por la anestesia emocional o por una profunda insatisfacción respecto a su estilo de vida.

Perteneciendo o formando parte de una secta el joven persigue la ilusoria recompensa de tener amigos, saberse útil, ser objeto de respeto, de admiración. Es el medio de ofrecerse experiencias nuevas, aventuras; percibir que alguien le escucha, le atiende; interrumpir el miedo y la angustia vital, ganar seguridad. En definitiva, estar en una secta para él equivale a encontrar una meta en la vida.

Una secta peligrosa se distingue de la que no lo es porque la logística y modo de actuar de la primera pretenden embotar la capacidad crítica del allegado, eliminar los lazos afectivos con los de *fuera* (la familia), imponerle dogmas y asfixiar la reflexión o dudas que pudieran surgir hacia la doctrina sectaria. Asimismo, la secta modifica la personalidad, coarta la libertad social del adepto, le convierte en una persona nueva, desconocida, irreductible a todo razonamiento lógico, que funciona de forma mecánica. Éstas son las sectas en las que es muy fácil entrar y tremendamente complicado salir.

Las sectas peligrosas suelen captar adeptos adolescentes mediante la organización ilegal de cursos, congresos, concentraciones, actividades comerciales, etc., en las que el asistente debe pagar a diario, ya que uno de los objetivos principales es recaudar dinero o bienes materiales.

[4] Véase el apartado del capítulo V «Fomentar valores firmes».

El joven que sucumbe ante el embrujo de estas sectas lo hace porque busca en ella algo que no es capaz de hallar en el seno de su familia.

EL ADOLESCENTE Y SUS AMIGOS. ¿QUÉ PUEDEN HACER LOS PADRES?

La mayoría de los jóvenes, aunque les cuesta admitirlo, siguen el consejo de sus padres en lo que concierne a *temas importantes*: la necesidad de estudiar, asuntos de tipo moral, proyectos de futuro, etc. En cambio, se dejan guiar por la pandilla en lo que afecta a las relaciones sociales (cómo pasan el tiempo libre) y gustos estéticos o musicales. El hechizo del grupo es más acusado durante la pubertad y en la adolescencia media; a partir de este momento declina hasta desaparecer a no ser que el joven haya ingresado en una *tribu* de la que depende de forma exagerada.

— Una forma de perder miedo a la influencia que la pandilla ejerce sobre el adolescente es intentar conocer a cada uno de sus miembros de forma individual, invitarles a casa o aprovechar cualquier oportunidad para intercambiar unas palabras con ellos cuando llaman por teléfono, interesarse por cómo se encuentran, felicitarles por algún logro que hayan conseguido, etc. El problema es que los adolescentes dificultan la tarea. En general, no les importa que los padres muestren genuino interés por cómo les va a sus amigos, pero siempre que dichos amigos no estén presentes, de modo que conviene acercarse a ellos con mucho tacto.

> —No soporto que mi madre empiece con preguntitas a mis amigos cuando vienen a casa. Se hace la guay, no lo aguanto, de

verdad. Lo peor fue un día que estábamos en mi cuarto y asomó la cabeza y dijo: «¡Hola tronkas!» Casi me da un ataque al corazón...

> ¡Recuerde!
>
> *Una cosa es compartir secretos con los amigos y otra muy distinta mantenerlos a ellos en secreto. Si el adolescente nunca habla de sus amigos, sale a escondidas, se niega a explicar quién le llama por teléfono o con quién pasa el tiempo libre; si cuando su padre le lleva al lugar de reunión exige que le deje en una esquina distinta, o cuando le va a recoger le encuentra solo, es que algo pasa. Probablemente se haya unido a un grupo que sus padres encontrarán, con razón, poco adecuado. Conviene averiguarlo lo antes posible.*

— Tenga en cuenta que hay una relación muy directa entre la presión del grupo y el consumo de drogas. Lea la información que se facilita en el capítulo XII.

— No impida que su hijo se relacione con otros jóvenes de su edad durante los fines de semana, *porque son días para estar en familia.* Es precisamente fuera de la jornada escolar donde la relación social es más sincera y distendida.

— Manténgase al tanto de las peleas y discusiones que surjan entre su hijo y los compañeros. Averigüe si éstas son producto de egoísmo o inadaptación social. En este caso, intente poner remedio. Un terapeuta puede ser de gran ayuda.

— No dude en pedir ayuda a un terapeuta si su hijo forma parte de una tribu violenta. No olvide que es el adolescente quien elige el grupo y no al revés. Conviene averiguar el porqué de su inclinación hacia las características de tal grupo.

CUADRO 14

LA SOSPECHA DEL CONTACTO CON UNA SECTA [5]

— Esté atento. Si su hijo/a comparte en casa su entusiasmo por el nuevo grupo que ha encontrado, aproveche esta ocasión de oro para mostrar interés. Sólo así le apetecerá comentar las expectativas que tiene respecto a sus nuevos amigos. Intente acudir con él a las reuniones o actividades que la secta organiza; esto le ayudará a discernir su grado de peligrosidad. En las primeras tomas de contacto es más fácil convencer al hijo de la trampa en la que está cayendo, siempre y cuando los argumentos tengan una base lógica y se transmitan de una forma aséptica, sin hacer uso de prohibiciones autoritarias.

— Comparta la situación con el resto de la familia (abuelos, tíos, primos) y con los amigos de su hijo. Pídales colaboración y ofrézcales toda la información de la que dispone, sin exagerarla, manifestando su miedo y las razones para tenerlo.

— Póngase en contacto con los expertos: abogados, investigadores del poder de las sectas, psiquiatras o psicólogos especialistas en terapia familiar, o incluso con familias que han vivido la situación y han conseguido superarla. El experto en sectas es un eslabón importantísimo; por tanto, conviene observar su grado de profesionalidad, objetividad e independencia ideológica.

[5] Pepe Rodríguez, *Tu hijo y las sectas*, Temas de Hoy, Madrid, 1994.

XI. El colegio

Para muchos padres las notas son la profecía que anuncia el éxito o el fracaso que los hijos tendrán en el futuro, de ahí que el rendimiento escolar sea objeto de constante escrutinio y preocupación.

> —Si continúas haciendo el vago de esa forma, tendrás que dedicarte a mendigar por las calles.

Los padres pueden ejercer una considerable influencia en el logro académico de sus hijos, pues mediante su actitud, interés y constante participación demuestran que el colegio es importante y debe tenerse en cuenta. Algunos derrochan energía y tiempo en las tareas escolares y para la mayoría *hacer los deberes* es primordial. Otros padres intervienen menos intensamente: asumen que el estímulo hacia los estudios es responsabilidad del colegio, les apura presionar o están demasiado ocupados con sus propios asuntos. La apatía de los padres hacia el colegio es negativa no porque perjudique las calificaciones del alumno, sino porque los maestros le prestarán menos atención, y en la escuela el mimo del profesorado es fundamental. El estudiante *estará presente* en la mente del maestro cuando los padres insistan en hacerse visibles.[1]

[1] L. J. Greene, *1001 maneras de mejorar los problemas escolares de su hijo*, Cúpula, Barcelona, 1995.

—Si no quieres que en el colegio te traten como si no existieras, lo mejor es que tu madre esté todo el día dando la traca.

EL TORMENTO DE LAS MALAS NOTAS

Aunque la intervención de los padres es importante, su esfuerzo no es proporcional al resultado académico. La chica que a los 10 años demuestra una actitud positiva y responsable hacia el colegio, independientemente del empeño que pongan sus padres en ello, tiene muchas posibilidades de seguir demostrándolo a los 16 años. En cambio, el púber que a los 11 años odia la disciplina escolar y es incapaz de llevar a la práctica la rutina para hacer los deberes, probablemente siga detestando el colegio a los 16, aunque sus padres hayan realizado un colosal esfuerzo.

Las calificaciones escolares señalan la capacidad del alumno para acabar su trabajo a tiempo, memorizar la información que el colegio considera fundamental, escribir de forma correcta, comprender lo que lee y portarse bien; pero *no indican el nivel de inteligencia* que éste posee. Prueba de ello es que muchos niños superdotados también suspenden.

Existe una estrecha relación entre las notas y la actitud del alumno hacia la escuela. Un chico que obtiene buenas calificaciones disfruta más en el colegio que el mal estudiante. Este último, además, recibe constantes reproches de padres y profesores por su falta de esfuerzo, lo que contribuye a agravar la situación, porque *ningún estudiante suspende por capricho*.

Quien siente aversión a la escuela puede demostrarlo proclamando a gritos su desdicha —«Odio el maldito colegio»—, afligirse en silencio, culpar al profesor —«Me tiene manía»—, a sí mismo —«Soy tonto»—, encontrar una justificación

—«Lo que me enseñan no sirve para nada»—, fugarse de clase o hacer y decir todas estas cosas a la vez.

Cuando el joven observa que no es capaz de realizar el trabajo con la misma facilidad que los demás compañeros, trata de protegerse a sí mismo para no sentirse inepto y nulo. Lo hace mostrando desgana y desdén hacia la escuela: aplaza los trabajos, se niega a hacer los deberes, critica a los profesores, o, simplemente, se rinde.

> —Quiero dejar de estudiar. Lo mío es la música. Puedo ser un DJ* dabuten y ganar una pasta guapa en lugar de perder el tiempo en este sitio asqueroso.

LA BATALLA DE LOS DEBERES

Cuando el joven entra en la adolescencia, la supervisión de los deberes puede adquirir matices dignos de una batalla campal: quiere que le dejen solo, a su aire; no desea ser vigilado ni atendido; intenta que se le trate como a un adulto, lo que en términos prácticos significa que le dejen decidir si hace o no la tarea y asumir el riesgo que esto último conlleva. Sin embargo, aunque incómoda, la intervención de los padres es necesaria cuando el alumno se niega a trabajar: «Hoy no tengo deberes»; «Me he dejado los libros en clase».

Gracias al empeño paterno el alumno perezoso consigue entregar la tarea más o menos a tiempo. El problema es que intenta por todos los medios aniquilar tal control; lo detesta en lo más profundo de su ser y hace lo posible por discutir hasta dejar al padre tan exhausto, que al día siguiente no tenga ganas de vigilar los deberes. Una fórmula ideal es la de intentar llegar de mutuo acuerdo a un plan de estudios con dos funciones primordiales: establecer un tiempo determinado (de duración limitada y específica) y supervisar que se lleva a cabo el cumplimiento del horario. Durante este periodo de estudio el joven no podrá encerrarse en su cuarto con llave ni distraerse con ninguna otra actividad como hablar por teléfono, ver la televisión, comer algo, etc. El tiempo de estudio habrá de mantenerse todos los días laborables con independencia de que el alumno tenga o no deberes para ese día. Este requisito es fundamental para esquivar con éxito cualquier tentativa de fastidiar el plan, por ejemplo: «Ya he estudiado en el colegio» o «Hasta la semana que viene no tengo que entregar las matemáticas». ¡Qué pena!, porque el tiempo de estudio permanece inamovible, pese a que el alumno asegure que va a estar mirando al techo durante una hora. Aunque los padres no puedan obligar al joven a estudiar, al menos pueden lograr que no intente o desee hacer otra cosa durante el periodo de estudio.

Semejante plan es objeto de cruentas protestas por parte del hijo, quien en su adolescencia, se niega a que le traten como a un bebé. Pero con el tiempo podrá comprobar que, gracias a la rutina impuesta, entrega cuando es debido sus deberes, rinde más y empieza a sacar mejores notas. Para ello es fundamental que el tiempo de estudio se respete por ambas partes: una vez superado el límite horario y revisado que el trabajo se ha realizado, el adolescente es libre para hacer lo que quiera, lo que además le sirve de estímulo para darse prisa en terminar. Este sistema, sin embargo, obliga a los padres a invertir tiempo y esfuerzo constantes, ya que el adolescente olvidará el plan de estudios tan pronto como la supervisión se relaje.

> —Rosi, ¿y los deberes?
>
> —¡Ah!, ¿los deberes? Es que como tú no estabas en casa pensé que no había que hacerlos.

El plan requerirá la intervención de los padres hasta que el estudio se transforme en hábito. Se trata de un trabajo a largo plazo, que no obtendrá resultados hasta pasados unos cuantos años y por este motivo conviene empezar lo antes posible, si bien hay casos en los que el alumno no mejora en absoluto, a pesar del colosal empeño que ponen sus progenitores.

Vigilar el plan de estudios no implica hacer la función del alumno ni la del profesor

Establecer un plan de estudios y controlar que se cumpla es una cosa y hacer los deberes en nombre del hijo, otra muy distinta. El padre no debe bajo ningún concepto terminar las matemáticas, pasar a ordenador la redacción de historia ni hacer nada que el hijo pueda realizar por su cuenta, aunque sea con faltas. Lo importante no es la nota que obtenga, sino que termine el trabajo que se le pide. El padre tampoco ha de *enseñar* una asignatura. Cuando los padres deciden relevar al profesor, las emociones negativas se sitúan en un punto álgido.

El padre-profesor tiende a criticar, a exasperarse, suele perder la paciencia con facilidad e interpreta la imperfección en la tarea como un ataque personal.

Hacer los deberes en nombre del hijo genera dependencia, estimula en el joven sentimientos de incapacidad, y además le da al verdadero maestro la falsa impresión de una perfección que en realidad no existe y que terminará por descubrir tarde o temprano en los exámenes.

LA INTELIGENCIA QUE NO EVALÚAN LAS NOTAS

El suspenso reiterado provoca varias reacciones, y entre las más frecuentes se hallan las siguientes:

1. «¿Será que tiene un problema de inteligencia y no de vagancia como nosotros creíamos?»

2. «Debo ser tonto o algo así, porque estudio lo que me dicen, pero no consigo aprobar ni por el forro.»

El término *inteligencia* se utiliza para designar la capacidad mental de una persona, incluidos su magnitud memorística, la destreza para interiorizar lo nuevo, su habilidad para adaptarse y solucionar las necesidades del momento, la agilidad a la hora de afrontar y superar obstáculos imprevistos, así como el talento para relacionarse con el ambiente. En la inteligencia hay un *aspecto innato*, genético, y otro *adquirido* a través de las experiencias con el medio en el que vivimos, por lo que la capacidad intelectual no es estática, sino que se desarrolla, nutre o embota a lo largo de la vida.

Las notas escolares evalúan sólo parte de la inteligencia; miden la memoria y la habilidad para aprender según la perspectiva del profesor; indican cómo el escolar rinde en los estudios de acuerdo con un baremo generalmente frío, aséptico, que no tiene en consideración la carga emocional y afectiva que acompaña a todo alumno. Esto explica en parte que los niños superdotados también suspendan.

Las notas no miden la *otra inteligencia*, menos académica y más práctica que resulta de enorme utilidad para triunfar en la vida adulta: la que posee toda persona arrolladora, creativa, líder, capaz de arrastrar a los demás con su entusiasmo o estilo. De todos es sabido que el escolar con muchas matrículas puede convertirse en un adulto gris, anónimo y de difícil trato social, que no logra la proyección profesional que de él se esperaba; en cambio, el alumno que suspendía termina convirtiéndose en líder político, artista de gran éxito, triunfador *poco académico*, capaz de levantar fortuna de la nada. Conviene recordar que se trata de un tipo de talento escondido para el que no existe calificación escolar.

¿QUÉ PUEDEN HACER LOS PADRES?

Ante las malas notas

La voz de alarma suele llegar de la mano del profesor: «El alumno X no logra alcanzar los objetivos establecidos.» Ante tal edicto la reacción suele adquirir diversos matices: el alumno, abrumado por el peso de un régimen de estudios que no consigue digerir, puede buscar distintas vías de escape —«El colegio no sirve para nada», «Prefiero trabajar», «Me importa un bledo si suspendo»—, o puede también etiquetarse a sí mismo de incompetente e incapaz —«Como sé que voy a hacerlo mal, no lo hago, y ya está».

Asimismo, los padres enemigos de la imperfección suelen inundar de reproches al hijo: «No haces ningún esfuerzo. No lo puedo soportar más. Vas a acabar como un mendigo, un maldito y asqueroso mendigo.» O se consumen en remordimientos por no haber estado a la altura de las circunstancias: «He escogido un colegio desastroso, pobrecito. La culpa es mía, porque me resultaba muy cómodo que el colegio estuviese al lado de casa. He sido muy egoísta.»

Casi ningún alumno es indiferente a las malas notas; simplemente no puede, aunque quiera, sacar adelante unos estudios que no comprende y le desbordan. Conviene averiguar sin tardanza el motivo de tan desolador resultado académico: debe descartarse primero cualquier alteración de tipo médico, como trastornos neurológicos de la percepción, dislexias, etc., y en el caso de que se descubra alguna, habrá que someter al alumno a un tratamiento pedagógico adecuado.

Si la causa no es somática, podría ser de orden psíquico: al alumno le desbordan los conflictos emocionales que le impiden concentrarse, y más aún aprender y demostrar lo que sabe. Su rendimiento escolar se halla por debajo de su capacidad mental debido a que tiene «envenenadas las emociones» y frágil el equilibrio nervioso.

En la adolescencia la atracción por el sexo opuesto puede resultar más preocupante que los estudios e incide directamente en el resultado académico. El fracaso escolar debido a razones emocionales ha de ser tratado sin dilación por un especialista y no conviene olvidar la fácil predisposición a fantasear con ideas de suicidio del adolescente infeliz para asustar a un profesor o a los padres.[2] Éstos, además de pedir ayuda a un terapeuta, deben estimular cualquier actividad en la que el joven pueda destacar (teatro, deporte, arte, etc.), vigilar que hace los deberes, evitar reproches, hablar con los profesores, y demostrar atención constante, aunque sea mal recibida por el hijo. En ocasiones cabe barajar la posibilidad de cambiar al hijo a otro colegio en el que el sistema pedagógico se adapte mejor a sus necesidades.

La dificultad para leer

La mayoría de los colegios interrumpe la enseñanza de la lectura cuando el alumno llega a cuarto curso de EP. Consideran que a los 10 años la criatura domina ya correctamente las técnicas de lectura mecánica y comprensiva, aptitud de la que gozan muchos alumnos, pero no todos. Con frecuencia el escolar de 12 años que suspende el examen de matemáticas o el de ciencias naturales lo hace porque *no entendió* la pregunta. Este

[2] Véase el capítulo XIV.

tipo de alumno puede pronunciar lo que lee de forma correcta, pero no lo *comprende*.

Los padres aceptan, incluso consideran normal, el fallo en matemáticas o física y química, pero no soportan que su hijo no sepa leer. Suelen reaccionar con furia, con intensa frustración o miedo de que el alumno padezca un serio problema intelectual con el que no contaban.

Es tarea del pedagogo y no de los padres el diagnóstico y tratamiento de los trastornos en el aprendizaje de la lectura. Pueden tener un origen orgánico (dificultad para percibir o decodificar las palabras) o psicológico (falta de motivación). El defecto mejora de forma notable con el entrenamiento adecuado con la ayuda de un profesional y, como en otros casos, conviene que comience lo antes posible.

Las principales señales que indican problemas de lectura comprensiva son las siguientes:

- *Se niega a leer por placer*: novelas, cómics, etc., o pone como excusa *que no encuentra algo* que le guste.
- *Detesta los deberes en los que hay que leer y evita hacerlo* en cualquier tipo de instrucciones escritas sobre el funcionamiento de los juegos* que le divierten (ordenador, cartas, etc.).
- *Lee muy despacio*, de forma atropellada. Se salta palabras cuando lee, altera el orden de las palabras o cambia letras: en lugar de *hombre* lee *nombre* u *hombro*.

Suspenso en matemáticas

Sin duda, las matemáticas y el cálculo constituyen la asignatura que produce mayor ansiedad en los alumnos de todos los tiempos. Por este motivo, los padres (sobre todo las madres) no suelen tomar demasiado en serio el suspenso en matemáticas:

«Yo también las odiaba. No entendía absolutamente nada y suspendía todo el tiempo. Aun así, he conseguido aprobar las oposiciones a juez.» Comentan su fracaso en el terreno aritmético con absoluta tranquilidad y sin vergüenza alguna. Los motivos del fracaso en matemáticas son similares a los de la lectura: falta de atención, motivación y aprendizaje. En ocasiones el alumno invierte el orden de los números (escribe o lee un 79 en lugar de un 97, confunde el 6 con el 9), o copia de forma incorrecta lo que se le pide (no coloca los números de forma correcta para sumarlos o restarlos). Una vez que el alumno se encuentra inseguro frente a una operación matemática, el miedo invade cualquier parcela en la que aparece un número, aun al realizar operaciones simples:

> —Me sacaron a la pizarra para dividir entre 22. Lo sé hacer, lo juro, lo sé, pero no pude. Tenía la mente en blanco. Por un momento se me olvidó la tabla del 2. Todos creyeron que no tenía «ni *flowers*».

El odio a las matemáticas no se resuelve agobiando al alumno con hojas plagadas de problemas adicionales u obligándole a recitar las tablas de multiplicar como un papagayo. El éxito con la asignatura no depende de la memoria, sino de la comprensión de conceptos: para multiplicar es necesario entender lo que significa sumar, para dividir hay que conocer cómo se resta y se multiplica, y para resolver problemas con quebrados hay que reconocer la correspondencia entre las partes en relación a un todo. Quienes no comprenden los conceptos básicos pueden realizar algunas operaciones utilizando la memoria, pero llegará un momento en el que no puedan continuar. La laguna se ha formado tantos años atrás (quizá desde que se le enseñó a restar), que se ha desbordado y ha sumido al alumno en un estado de gran ansiedad hacia la asignatura.

Curiosamente, los escolares que fracasan en las matemáticas de la escuela muestran cierta destreza en los juegos de lógica como, por ejemplo, en *Los barcos*. Sólo en este sentido los padres deben apoyar a su hijo a superar el miedo a la asignatura: la lógica, la estrategia y la geometría forman una parte importante de las matemáticas, por lo que cualquier ejercicio en estas materias es de gran ayuda, siempre que se plantee en forma de juego: *El Monopoli*, *Master Mind*, naipes, juegos de ordenador, ajedrez, damas, *Los barcos*, etc.

Conviene aprovechar cualquier oportunidad (la vida está plagada de ocasiones para el cálculo) que estimule el razonamiento numérico o espacial: por ejemplo, distribuir las maletas en el maletero de un coche es una operación de *partición*; cortar una manzana de forma que cada mitad sea igual a la otra sirve para obtener *simetrías*, etc.

La adquisición de conceptos básicos, al igual que en el caso de la lectura, debe realizarse mediante la ayuda de un pedagogo (especialista en técnicas para detectar y mejorar la falta de aprendizaje). De poco sirven las clases particulares con un profesor de matemáticas que a su vez está haciendo la carrera de Matemáticas y cuyo único objetivo es que el alumno apruebe el curso. Esta persona, aunque sepa mucho de números, no tiene la formación necesaria para detectar dónde está la causa del problema (podría ser una dislexia) ni conoce el tipo de terapia que el alumno precisa.

«Te daré 1.000 pesetas por cada aprobado que saques»

Premiar con dinero la mejora de las notas es un error muy común. El alumno no suspende o aprueba por dinero; cualquier éxito académico implica que ha sido capaz de domesticar una voluntad quebradiza, que ha conseguido hacer libremente un buen trabajo y, sobre todo, que siente gusto por la obra bien realizada. El que saca buenas notas trabaja para sí mismo y no para complacer a los padres, los profesores o los amigos. La recompensa económica suele echar por tierra el verdadero sentido de la conquista académica: ya no se hace un esfuerzo para obtener placer sino dinero.

Ante el mal comportamiento

Las notas no siempre son el motivo de queja por parte de los profesores, sino el mal comportamiento: el alumno es hostil con sus compañeros o despierta agresividad en los demás, se escapa, roba, hace trampas, cambia de humor de forma drástica y, en definitiva, no se adapta al orden que el colegio impone como requisito.

Muchas veces la mala conducta sirve de tapadera a una desconfianza hacia sí mismo, la desmoralización personal, la pérdida de anhelo y la motivación. El colegio comienza a ser una carga demasiado pesada de la que no se puede librar porque es obligatoria. Ya que no logra aliviarla de forma racional y civilizada —«Cuando digo que odio el colegio, que ya no quiero seguir estudiando más, me miran como si estuviera loca y no me hacen ni caso»—, entonces decide hacerlo embistiendo brutalmente —«Así me echan».

El mal comportamiento puede ser un arma defensiva que libra al joven de un fracaso abrumador que no logra mejorar. El alumno se adentra en un círculo vicioso en el que no hay salida sin ayuda exterior: le resulta muy difícil concentrarse en lo que dice el profesor cuando se halla agitado, cargado de furia, inseguridad o frustración. No advierte, sin embargo, que su mal comportamiento no le ofrece una protección verdadera, sino que, por el contrario, le garantiza el continuo reproche y la ruina personal. El trastorno de conducta puede deberse a disturbios familiares contra los que el joven no es capaz de combatir. Su comportamiento es un reclamo de atención, una forma equivocada de pedir ayuda. Conviene dárselos mediante la intervención de un psicoterapeuta, que tratará tanto al alumno como a la familia con el fin de aliviar la situación de insoportable tensión para todos.

CUADRO 15

SEÑALES DE ALARMA PARA DETECTAR UN POSIBLE TRASTORNO FÍSICO O PSÍQUICO EN EL ALUMNO

Trastornos de conducta

Agresividad.
Pérdida de contacto con la realidad (psicosis).
Mentiras crónicas.
Necesidad de controlar a los demás.
Carácter explosivo imprevisible.
Depresión/amenaza de suicidio.

Trastornos de pensamiento

Distorsión sensorial (alucinaciones auditivas/visuales).
Paranoia (delirios de persecución o grandeza).
Falta de orientación (tiempo, lugar y gente).

Trastornos físicos

Alteraciones de sueño.
Alopecia (pérdida alarmante de pelo).
Incontinencia (en adolescentes).
Jaquecas o fuertes dolores de estómago.

Mientras tanto, en casa, los padres deben estar alertas y evitar cualquier comparación con un amigo o hermano aventajado, animar al alumno para que desarrolle su talento en actividades no académicas (deportes, arte, etc.) y en cualquier aspecto que le ayude a ganar confianza, orgullo y ganas de *ser alguien*, aunque sea lejos de la escuela.

Si el alumno presenta alguno de los síntomas descritos en el cuadro 15, el tratamiento psicológico debe anteponerse al pedagógico, si bien en ocasiones pueden hacerse al mismo tiempo.

Consejos sobre lo que hay y no hay que hacer

¡No!

- No considere el fracaso escolar como un ataque personal. Conviene ayudar al alumno resaltando y comentando lo que hace bien y no machacarle repitiendo todo lo que hace mal.
- No compare a su hijo con los compañeros de clase pródigos en buenas notas.
- No valore el logro, sino el esfuerzo realizado.

¡Sí!

- Analice sus expectativas y observe si son realistas: no exija a su adolescente un rendimiento mayor del que puede dar.
- Pida ayuda a un pedagogo para que detecte la causa de la falta de rendimiento e inicie la terapia de apoyo correspondiente.
- Demuestre interés por todo lo que concierne al colegio, pero sin agobiar al alumno. Cumplir con la escuela es tarea del adolescente, no del padre.

• Tenga en cuenta que la cultura no sólo se adquiere en la escuela. Hay niños pródigos en matrículas que jamás han visitado un museo, no hablan idiomas o no sienten curiosidad por el conocimiento *del que no hay que examinarse.* La verdadera tarea de los padres es proporcionar a los hijos este tipo de educación adicional. Lo que el colegio enseña compete al profesorado y al alumno, y *todo lo demás* es de los padres.

• Demuestre satisfacción, comprensión y cariño, no sólo cuando el alumno saque buenas notas. Valore sus habilidades (seguro que las tiene), aunque sean distintas de las que aprecia el Ministerio de Educación.

• Fomente la autonomía del alumno, ayúdele a resolver sus propios problemas: no acuda a protestar constantemente al director, ni demuestre que usted lo sabe todo ni intente sustituir al maestro. Indique al joven dónde puede encontrar la información que busca y muestre interés o felicítele cuando haya logrado resolver el problema por su cuenta.

XII. Drogas y alcohol

El alcohol etílico y algunas drogas naturales se utilizan desde tiempos remotos para modificar el estado de ánimo, y también desde el principio se conocen sus peligros.

Los expertos afirman que existe un claro binomio entre el consumo abusivo de drogas y/o alcohol y las tres causas más extendidas de mortalidad adolescente: accidentes, homicidio y suicidio. [1]

Entre todas las trampas en las que puede caer un adolescente, el uso y abuso de drogas y alcohol resulta una de las que más preocupan a los padres. A pesar de los efectos secundarios, el consumo de sustancias resulta tentador para quien no sabe o no quiere afrontar problemas cotidianos. Los efectos más inmediatos tras su utilización son optimismo transitorio, euforia, sensación subjetiva de bienestar y cordialidad, una percepción atenuada de la fatiga, de los dolores y las preocupaciones. Cada usuario busca alguno de éstos, bien por iniciativa propia, bien por influencia del grupo.

Las personas que se inician en el consumo de bebidas alcohólicas o drogas suelen tener el firme propósito de ingerirlas sólo de forma ocasional y con moderación. El paso del uso

[1] Véase la revista *Nation's Health*, mayo-junio 1993.

eventual a la adicción no siempre está bajo las posibilidades de control del afectado. El alcohólico o toxicómano tarda mucho tiempo en admitir que lo es, y busca todo tipo de argumentos para convencerse a sí mismo y a los demás, del tipo «A mí no me hace daño», o también «Sé cuándo tengo que parar». Adopta esta postura para defenderse de la intervención de los padres o los familiares y a medida que incrementa su dependencia aumenta también la negación de que ésta existe. La negación es común en todos los alcohólicos y toxicómanos sin distinción de edad o capacidad intelectual.

LOS DIEZ TÓPICOS MÁS FRECUENTES QUE USAN LOS APÓSTOLES DE LA DROGA

Antes de impugnar estos tópicos, los resumiremos en el siguiente cuadro.

CUADRO 16 LOS DIEZ TÓPICOS MÁS FRECUENTES QUE USAN LOS APÓSTOLES DE LA DROGA
1. Todos los adolescentes consumen drogas alguna vez. 2. El alcohol es la droga de los adultos y la hierba es la de los jóvenes. 3. La hierba es mucho más inofensiva que el alcohol: te produce paz, te hace extravertido, cariñoso y alegre. 4. Fumar un poco de marihuana no hace daño; al fin y al cabo tus padres fumaban porros en su juventud y no les ha pasado nada. 5. No te pasa nada si tomas drogas de vez en cuando y controlas el consumo. 6. Las «anfetas» no son malas, ya las consumían tus padres para aprobar los exámenes que no habían estudiado.

7. Las drogas sintéticas son nuevas y absolutamente seguras.
8. Algunas drogas de diseño son legales.
9. Las drogas son afrodisiacas.
10. Los consumidores de «pastis» no toman otras drogas ni tampoco alcohol.

1. Todos los adolescentes consumen drogas alguna vez

Un gran porcentaje de jóvenes no consume drogas ni bebe alcohol. Suelen tener metas elevadas en el terreno académico y deportivo, y presentan un alto rendimiento en estos campos. No se sienten marginados cuando dicen *No* al consumo de estas sustancias y alardean de ello. Suelen pertenecer a familias en las que se cultiva la filosofía de que todo esfuerzo genera una recompensa y de que no se pueden resolver los problemas huyendo de ellos.[2]

2. El alcohol es la droga de los adultos y la hierba es la de los jóvenes

La mayoría de los jóvenes se inician en el consumo de drogas cuando ya llevan un tiempo haciéndolo con el alcohol. La in-

[2] I. L. Lake Forest, «Who's Who among American High School Students» en *Annual Survey of High Achievers: Attitudes and Opinions from de Nation's High Achieving Teens,* Educational Communications, 1992. Este estudio refleja que el 95 por ciento de los jóvenes con mejor currículum académico o deportivo en Estados Unidos no fuma y el 81 por ciento no consume alcohol ni drogas. También indica que cuando los adolescentes comienzan a consumir sustancias tienden a empeorar el rendimiento deportivo y académico; pierden interés en el esfuerzo personal, y en los casos más extremos al final abandonan los entrenamientos y los estudios.

gestión en grupo de litronas y otros «pelotazos» actúa como desinhibidor del miedo ante los efectos negativos del consumo de drogas.

3. La hierba es mucho más inofensiva que el alcohol: te produce paz, te hace extravertido, cariñoso y alegre

Las pautas de iniciación y el objetivo del consumo de hierba y alcohol son idénticos.

a) Mejorar la capacidad de relación con los demás, sentirse parte de un grupo, ser motivo de aprecio y afecto entre gente de la misma edad. Tanto el alcohol como el cannabis* les dan confianza, les produce una sensación de bienestar. Beben o fuman *para atreverse* con las relaciones sociales o sexuales.

b) Una vez superado el paso anterior, el afectado no se siente capaz de mostrarse alegre, eufórico o sociable sin las dosis necesarias de alcohol o cannabis. Comienza a depender de su consumo, que necesita aumentar de forma progresiva para poder seguir llevando el mismo estilo de vida, al que no quiere (o no puede) ya renunciar.

Alcohol y hierba son, por tanto, igual de perjudiciales y dañinos.

4. Fumar un poco de marihuana no hace daño; al fin y al cabo tus padres fumaban porros en su juventud y no les ha pasado nada

No todos los padres de hoy han fumado porros, y además la hierba que se fumaba en los años setenta no es igual a la que se vende en nuestros días. El componente más perjudicial de la marihuana, llamado delta-9-tetrahydrocannabinol, ha aumentado del 0,36 por ciento de entonces al 4,43 por ciento.[3] En la actualidad la hierba que se fuma es una droga mucho más potente que la de antaño y, aunque sigue siendo menos peligrosa que los opiáceos, la cocaína, el LSD o la metanfetamina (crack), son muchos los jóvenes que, tras probarla por curiosidad o por inducción del grupo, ya no pueden abandonar su consumo sin consecuencias desagradables.

5. No te pasa nada si tomas drogas de vez en cuando y controlas el consumo

La utilización ocasional de drogas es una utopía, a pesar de que el usuario suele tener el firme propósito de consumirlas con mesura o afirma tajantemente que *el asunto está bajo control.*

Las drogas modifican el estado de ánimo, por lo que el afectado tiende a consumirlas en grupo. Crean la falsa sensación de que todo es más fácil, y recurre a ellas cuando ha de resolver cualquier problema o cuando se relaciona socialmente. A partir de entonces, *no se encuentra bien* o *se siente perdido* en determinados ambientes sin la dosis necesaria, a lo que hay que añadir que cada vez se necesitan dosis más elevadas para rendir *a tope.* Al principio, los adolescentes quedan prendidos del consumo no por dependencia de la droga misma, sino por dependencia del grupo y sus patrones de conducta. Poco a poco el consumo inicial (por lo general, cannabis) es insuficiente. Los efectos estimulantes, al desaparecer, impulsan a la búsqueda de

[3] M. Newton, *Adolescence: Guiding Youth through the Perilous Ordeal*, W. W. Norton, Nueva York, 1995, pág. 162.

otras sustancias para recuperar el tono y combatir la depresión, de ahí que sea frecuente la mezcla con alcohol y más tarde con otras drogas —anfetaminas, barbitúricos, heroína y fármacos con codeína, cocaína, LSD o mescalina— con el fin de otorgar un mayor vigor a la experiencia.

6. Las «anfetas» no son malas, ya las consumían tus padres para aprobar los exámenes que no habían estudiado

Es cierto que en los años setenta se puso de moda entre los universitarios tomar cierto tipo de anfetaminas (centramina) para aprobar exámenes; pero las variables edad, dosis y utilización de nuestros jóvenes son diferentes de las de entonces. En los años setenta se vendían en las farmacias, lo que no ocurre en nuestros días, porque su elevada toxicidad ha hecho que su empleo en el ámbito terapéutico haya desaparecido.

En la actualidad el consumo de drogas anfetamínicas, también denominadas *sintéticas o de diseño*, está asociado con determinadas formas de ocio juvenil durante los fines de semana en discotecas, bares y lugares de esparcimiento.

Los que consumen drogas sintéticas con frecuencia no saben con exactitud lo que están introduciendo en su cuerpo. Aunque los efectos varían muchísimo de un consumidor a otro, las reacciones adversas en dosis moderadas (85-150 mg de sustancia pura) suelen ser: taquicardia, hipertensión, temblor, rigidez de mandíbula, náuseas, insomnio, jaquecas, migrañas, sudoración, impotencia, anorgasmia, vómitos, alucinaciones, visión borrosa, prurito en extremidades, disminución de sensibilidad al dolor, incremento de sensibilidad al frío y a la luz, sensación de movimiento de suelos y objetos, ataxia (perturbación de las funciones del sistema nervioso), movimientos convulsivos, sin control o casi mecánicos.

La cantidad de sustancia pura en un comprimido suele ser de 75 a 100 mg. Algunos adolescentes llegan a consumir hasta doce pastillas en un fin de semana (lo que supone un gasto de 60.000 pesetas aproximadamente) y el usuario medio ingiere un mínimo de tres para aguantar una noche. Los efectos aparecen a los veinte o treinta minutos de la ingestión y se acompañan de ansiedad, taquicardia y sobre todo tensión mandibular. Los movimientos se hacen mecánicos, convulsivos (tics nerviosos, muecas, rechinar de dientes), y ocasionan una manera de bailar característica. La duración de los efectos —sensación de euforia, desinhibición, etc.— es de dos horas como máximo, tras las que sucede un cuadro caracterizado por sensación de malestar general en todo el cuerpo, de «estar tirao».

Los efectos a largo plazo son: confusión mental, agotamiento, depresión, náuseas, escalofríos, ansiedad, insomnio, irritabilidad, psicosis paranoide, alteraciones hepáticas, dolor generalizado, irritabilidad, crisis de angustia y violencia.

Las drogas de diseño, denominadas por los adolescentes magdalenas* o bizcochos, son derivados anfetamínicos que como tales producen un efecto de tolerancia a los efectos secundarios y también la necesidad de incrementar la dosis. Por tanto, generan dependencia tanto física como psicológica. [4]

[4] L. García Campos, A. Chazarra Montiel y J. M. Esteban Fernández, «Drogas sintéticas y nuevos patrones de consumo. Documento de información y reflexión», Coordinadora de ONG's que intervienen en drogodependencias, *Cuadernos de Información*, Madrid, 1995.

7. Las drogas sintéticas son nuevas y absolutamente seguras

Las drogas sintéticas se conocen desde 1914, y en la actualidad se fabrican en laboratorios clandestinos, que en el argot juvenil se denominan cocinas*, con fórmulas artesanales. Existen numerosas pruebas químicas de drogas de diseño que muestran la adulteración y mezcla explosiva de sustancias para conseguir una acelerada y eficaz revolución corporal: un *viaje* vertiginoso.

Tienen una elevada toxicidad y pueden resultar incluso mortales.

8. Algunas drogas de diseño son legales

Todas las drogas de diseño figuran en las listas de las sustancias prohibidas por la ley. Este tópico se debe en parte a que existe gran parecido entre la oferta de las drogas sintéticas y algunos productos comerciales de gran acogida entre los adolescentes. El GHB, por ejemplo, se vende junto a un pseudoprospecto. Las pastillas de *éxtasis*, el *speed* y el *popper* se ofrecen decoradas con diversas figuras del mundo de la publicidad, del cine o la televisión y los consumidores tienden a asociar los dibujos y logotipos con determinadas reacciones psicoactivas, siendo la de «potenciador sexual» la más extendida.

9. Las drogas son afrodisiacas

Muchas producen inhibición del deseo sexual e impotencia. Aunque otorguen cierto grado de euforia, pues quienes las toman lo hacen para «atreverse», no potencian el placer en la relación sexual. Por el contrario, la alegría transitoria se acompaña de intranquilidad y rigidez. Este tópico es debido a que la iniciación al consumo de drogas suele coincidir con las primeras relaciones sexuales.

10. Los consumidores de «pastis» no toman otras drogas ni tampoco alcohol

Es frecuente mezclar las «pastis» con el hachís, la cocaína, el popper, la mescalina o con el LSD. Aunque lo habitual es ingerirlas con agua, lo que ha disparado el precio de las botellas en las discotecas, los consumidores toman alcohol entre periodos de estimulación.

En los baños de algunas discotecas sólo funcionan los grifos de agua caliente con el fin de evitar en lo posible el consumo de agua para tomar *pastis*.

EQUIVOCACIONES DE ALGUNOS PADRES

1. «Mi hijo no se droga, sólo bebe»

Muchos padres tardan en actuar con respecto al consumo de bebidas alcohólicas, porque parten de la visión equivocada de que siempre se ha bebido y en ocasiones recuerdan con nostalgia «aquella borrachera en la que nos divertimos tanto». Piensan que sus hijos están haciendo algo que ellos mismos hicieron en su juventud. No se han detenido en comparar las edades, las cantidades, horas en las que se bebe y el significado que tiene hoy el consumo de alcohol para sus hijos con respecto a lo que ocurría cuando ellos eran jóvenes. Cuando un adolescente se acostumbra a beber, pierde el miedo a los efectos negativos de la droga y le resulta más fácil comenzar a consumirla. Un elevado porcentaje de jóvenes drogadictos empezaron a serlo consumiendo alcohol.

2. «Sólo debo preocuparme por las drogas cuando mis hijos cumplan 15 años»

Todos los que hacen proselitismo de la droga acosan a los que no tienen capacidad ni formación para reaccionar contra ella. Los nuevos consumidores están en los primeros cursos escolares y cuentan con 10 años de edad. Es el momento de ataque ideal, porque el niño no está todavía preparado para discernir qué es cierto y qué no entre lo que oye repetido como dogma. Algunas veces esta falta de experiencia se debe a que en casa todavía no se le ha dado importancia al tema de la drogadicción, en el convencimiento por parte de los padres de que se trata de un problema a abordar cuando el niño irrumpa en la adolescencia, lo que para muchos es a los 15 años de edad.

Si los padres no se han preocupado de fomentar el diálogo y la comunicación con su hijo antes de que éste llegue a la adolescencia, les resultará muy difícil hacerlo entonces.

3. «¿Mi hijo? ¡Imposible!»

Algunos padres se esfuerzan por ofrecer a sus hijos actividades, escuelas o grupos de un determinado estrato social, convencidos de que así les alejan del consumo de drogas y alcohol. Si bien es cierto que muchos adolescentes, fascinados por el deporte u otras metas, suelen «no pensar en otras cosas», los padres deben tener presente que la *oportunidad* para consumir alcohol y drogas está al alcance de todos.

—El hermano mayor de Loren López conoce a un tío en el cole que habla con otro tío que vende hierba. Si quieres, le pido a Loren que me lo presente.

4. «Le conozco tan bien que se lo notaré desde el primer momento»

Es muy difícil descubrir el uso de sustancias antes de que el afectado esté totalmente fuera de control.[5] Como se verá más adelante, los consumidores de drogas y alcohol niegan con rotundidad su dependencia y manipulan su comportamiento, a veces con gran habilidad, para ocultar el verdadero origen de sus actos. Un terapeuta necesita de cuatro a seis horas de entrevista intensa para ser capaz de diagnosticar de forma correcta el grado de consumo, y a veces ha de recurrir a la ayuda de un paciente rehabilitado para que entreviste al nuevo afectado, pues en su día utilizó los mecanismos de defensa y trucos que éste emplea para ocultar su dependencia.[6]

PAUTAS QUE SIGUE EL ADOLESCENTE CUANDO SE DROGA

Muchos de los que se inician en el uso de *sustancias prohibidas por los padres* lo hacen al comienzo de la adolescencia, hacia los 10 años de edad. Entran en el mundo de los adultos fu-

[5] Véase en este mismo capítulo el apartado «Pautas que sigue un adolescente cuando se droga», tercera pauta.

[6] Según afirma el doctor Miller Newton en su obra *Adolescence: Guiding Youth through the Perilous Ordeal*, *op. cit.*, pág. 174.

mando tabaco y algunos no pasan de ahí. Pero un grupo cada día más numeroso no se conforma con la nicotina y continúa consumiendo alcohol y/o drogas.

Las cuatro pautas de consumo que explicamos más abajo se fundamentan en el recorrido característico que generan todas las sustancias modificadoras del estado de ánimo, es decir, en la necesidad que tiene el afectado de aumentar las dosis de forma paulatina. La parte del cerebro encargada de producir sensaciones se acostumbra al efecto de las drogas y no sólo comienza a necesitarlas, sino que también precisa de mayores cantidades para alcanzar el estado vivencial que se obtuvo con las primeras tomas. Hay sustancias, como el alcohol y la marihuana que afectan lentamente al cerebro. Otras, como el *speed*, *popper*, GHB, éxtasis, mescalina, LSD, cocaína y heroína, actúan muy pronto, algunas incluso de forma instantánea.

Cada persona recorre las cuatro pautas[7] de forma distinta, porque no todos los cerebros reaccionan igual a las sustancias. Hay quienes, por consumir sólo alcohol o cannabis, las recorren muy despacio o no llegan a concluirlas. Otros usuarios, sobre todo si utilizan heroína, LSD o crack, pasan rápidamente por las pautas iniciales y llegan muy pronto a la última.

[7] Muchos expertos tienen sus propias teorías sobre las pautas características de la drogodependencia. La mayoría se fundamentan en el concepto desarrollado por el doctor Vernon Johnson, fundador del Johnson Institute de Minneapolis (Estados Unidos), que establece cuatro etapas por las que pasa un alcohólico adulto.

Los doctores Ellickson, Hays & Bell describen siete escalas de drogodependencia en un artículo publicado en 1992: «Stepping through the Drug Use Sequence: Longitudinal Scalagram Analysis of Initiation and Regular Use», *Journal of Abnormal Psychology*, núm. 101, págs. 441-451. Las cuatro pautas que figuran en este libro han sido elaboradas por el doctor Miller Newton en su obra *Adolescent Drug-use as a desease*, Secaucus, Nueva Jersey, 1984.

Primera pauta. Entra en terreno prohibido

Muchos niños de edades comprendidas entre los 10 y los 14 años se enfrentan por primera vez a la posibilidad de fumar tabaco, hierba o de beber alcohol. Existe cierta garantía de que el niño diga *No* a tan tentador ofrecimiento cuando tiene arraigados los valores que la familia le ha ido inculcando hasta la fecha, sobre todo si le han informado de manera realista (lo que no es frecuente, porque, o bien no se hace, o bien se exagera demasiado) acerca de los peligros que entraña el consumo de sustancias.

Pero conviene tener en cuenta que el púber acaba de entrar en una etapa de desarrollo caracterizada por el distanciamiento de las normas familiares; siente necesidad de descubrir su propia identidad, de no ser dependiente de sus padres, de expresar libremente sus sentimientos, aun a riesgo de equivocarse.

El grupo de amigos y sus patrones de conducta ejercen sobre él una fascinación total. Desea ser admitido y aceptado. Por tanto, si el grupo bebe alcohol o fuma marihuana, le resulta muy difícil no imitar esta postura, aunque tenga miedo de hacerlo. Las primeras veces intenta no involucrarse demasiado con estas sustancias: en lugar de inhalar profundamente, da chupaditas al canuto y una sola lata de cerveza le dura horas. Pero con el tiempo, que suele coincidir con la cuarta o quinta vez, se deja llevar por la corriente de la risa facilona y las bromas del grupo y comienza a utilizar las sustancias «de la manera correcta». Entonces descubre un estado físico y mental eufórico y dinámico que hasta el momento era desconocido y que le suele dejar deslumbrado. Los peligros de los que tantas veces ha oído hablar a sus padres le resultan irreales, pues las primeras veces no percibe efecto nocivo alguno. Se estudia con detenimiento a sí mismo y ve que no se ha vuelto loco, ni se le han caído los dientes, ni suspende los exámenes, ni han ocurrido todos esos horrores que le habían contado. Por el contrario, se siente seguro, sin prisa, alegre y empieza a creer que la droga y el alcohol son un vehículo fácil para encontrarse bien, por lo que acepta consumirlos siempre que se lo ofrecen.

Es improbable que los padres se percaten del consumo durante este periodo, porque el comportamiento todavía no se altera.

Segunda pauta. Pierde el miedo

Hacia los 14 años de edad el adolescente comienza a experimentar en terrenos de la vida que no coinciden con los que ha conocido a través de sus padres. Es el periodo del conflicto familiar, en el que el púber pone en tela de juicio todo dogma familiar.

El joven que entra en esta edad y ya ha traspasado la etapa anterior de consumo de sustancias suele dar un paso adelante en la ingestión de éstas. Aunque la dieta sigue basándose en alcohol y marihuana, la tolerancia aumenta y se atreve con drogas más fuertes, por lo general hachís y fármacos. El estado psicológico y físico que le proporcionan las drogas y el alcohol empieza a ser muy bienvenido. Su dogma es: «La droga/el alcohol te pone en relación con los sentimientos» y también «fomentan el compañerismo».

Ya no encuentra motivo para esperar a que aparezca un amigo ofreciéndolas. Busca entonces la manera de adquirirlo por su cuenta. En casa desaparecen ceniceros o pequeños objetos de plata, cintas de vídeo, discos compactos y cualquier cosa que los padres no echen de menos de forma inmediata y que pueda ser vendida a cambio de algún dinero para adquirir sustancias por su cuenta.

En esta segunda pauta de consumo de drogas o alcohol el adolescente toma la iniciativa de adquirirlos y utilizarlos según su criterio particular. Ahora, y por primera vez, puede «colocarse» a su antojo, y el antojo suele coincidir con cada noche del viernes y cada noche del sábado, por ser éstos los días en que los padres le permiten reunirse con el grupo sin la presión de las obligaciones escolares.

Poco a poco el deseo y la necesidad de consumo se fortifican. A pesar de que se juraba a sí mismo no usar drogas más que durante el fin de semana, empieza a sobrepasar este límite y las utiliza en días semanales, sobre todo cuando se presentan circunstancias conflictivas o tirantes, a las que no se siente capaz de enfrentarse sin «esa pequeña ayuda».

Comienza a tener una doble conducta:

1. *En casa.* Su comportamiento se concentra en la búsqueda de artimañas para disimular el consumo. Miente. En el cajón de la mesilla de noche o en la cartera del colegio aparece por primera vez un colirio (gotas para los ojos) que utiliza para que los padres no se den cuenta del enrojecimiento ocular. También se rocía con colonia penetrante con el fin de disfrazar el característico olor de la hierba que se adhiere a la ropa y el pelo.
2. *Fuera de casa.* Su interés se centra en el uso de drogas y en cómo conseguirlas. Frecuenta amigos que sus padres no conocen, algunos mayores que él, que también se hallan en el mismo ritmo de consumo. Pierde interés por las actividades extraescolares que antes le gustaban tanto «porque ya no molan». Los amigos de infancia que no se drogan son unos «muermos» y deja de salir con ellos. Decrece su rendimiento académico y comienzan las fugas de clase.

Cuando finaliza la segunda pauta de consumo, el afectado alcanza con las drogas un verdadero estado eufórico que utiliza, entre otras actividades, en las primeras relaciones sexuales (por eso piensa que son afrodisiacas). Pero cuando los efectos positivos decaen, sobreviene un estado de ansiedad y nerviosismo cada vez más desagradable. Este se debe en parte a la agresión que las drogas producen en el cerebro y en todo el metabolismo, y también al sentimiento de impotencia para dejar el consumo.

Algunos jóvenes se automedican por primera vez en su vida para combatir el malestar general en el que se hallan sumidos. Las relaciones familiares comienzan a envenenarse a causa de sus arrebatos de furia con rasgos violentos, y porque le pillan mintiendo con frecuencia, lo que despierta las sospechas de los padres. El rendimiento escolar y deportivo decrece. Todo ello provoca una desazón que el adolescente tiende a disfrazar *«pasando de todo»*.

Al final de la segunda pauta el usuario comienza a perder el control del consumo. Ahora cualquier problema, por insignificante que sea, le parece irresoluble sin el apoyo de sustancias, y esta necesidad de ayuda artificial genera nuevos problemas también irresolubles, lo que puede introducirle en la tercera pauta de consumo.

Tercera pauta. No se puede controlar

El joven consume drogas casi a diario. El colegio le parece insufrible, se escapa de clase para drogarse o lo hace en el camino de ida a la escuela, igual que el alcohólico adulto durante la jornada de trabajo. Además de las drogas que consumía en las pautas anteriores (alcohol, marihuana, hachís y anfetaminas), se atreve con alucinógenos y cocaína. Los «viajes» tienen especial atractivo inicial, porque le someten a una vivencia pseudomística que le da la falsa ilusión de ser superior a los demás... hasta que tales viajes se vuelven monótonos y repetitivos.

La capacidad de tolerancia aumenta con rapidez y con ella las dosis que ingiere. A veces, llega al borde de la sobredosis y esto produce un gran revulsivo en su metabolismo. Pueden aparecer pérdidas de conocimiento que generan amnesia temporal.

El ataque químico que las drogas practican en el cerebro provoca que el afectado no pueda controlar su temperamento ni su forma de actuar. Se vuelve violento, impulsivo, amoral y carente de manifestaciones afectuosas.

Los padres comprenden que el joven tiene problemas, aunque no siempre los relacionan con el uso de drogas o alcohol. En casa discute constantemente y miente como un bellaco. Roba tanto en el hogar como fuera de él para poder costearse las dosis cada vez mayores que se mete en el cuerpo.

El consumo le sigue permitiendo encontrar la euforia anhelada, pero cuando el efecto desaparece sobrevienen reacciones adversas que se resumen en un gran malestar generalizado: insomnio, tristeza, palpitaciones, ataques de pánico, dolores de estómago y riñón, apatía, tics nerviosos, confusión mental, alucinaciones auditivas, paranoia, etc. Le invaden sentimientos de culpa y se avergüenza de los ataques de violencia que acompañan a su comportamiento. Se automedica, porque anhela volver a encontrarse bien, entrando así en un círculo vicioso del que le resulta imposible salir.

Hace tiempo que perdió contacto con los amigos que no se drogan; en cambio, frecuenta otros que llevan el mismo ritmo de consumo hacia los que siente una mezcla de odio y dependencia. Curiosamente, niega que ellos estén sufriendo tanto como él, en el convencimiento de que la droga no hace daño a los demás.

En esta pauta el afectado ya es drogodependiente.

CUADRO 17 LAS CUATRO PAUTAS DE CONSUMO DE DROGAS				
Pauta	*Droga*	*Frecuencia*	*Sensaciones*	*Comportamiento*
1. Entrada	Alcohol Marihuana	De vez en cuando	Alegría, tendencia a la risa fácil	Ningún síntoma
2. Pérdida del miedo	Alcohol Marihuana Pastillas Hachís	Fin de semana	Alegría y cierta depresión cuando los efectos desaparecen	Adquiere drogas por cuenta propia. Disimula el consumo
3. Descontrol	Alcohol Marihuana Drogas sintéticas (hachís, cocaína)	De 5 a 7 días a la semana	Euforia/ Depresión Sensación de fuerza/ Apatía Paranoia	Es drogadicto. Humor muy cambiante. Falta de interés por actividades
4. Drogo-dependencia	Heroína Crack Ice	A todas horas	Falta de apetito, insomnio, dolor, convulsiones, confusión mental	Tendencia al suicidio Violencia

Cuarta pauta. No puede vivir sin drogas

El joven necesita grandes dosis para alcanzar la euforia que desea. La búsqueda del estado *superior* responde al deseo de evadirse, de «dejar de pensar» o «no sentir (dolor)». Algunas drogas ya no le hacen efecto (tampoco el alcohol) y consume las más potentes: LSD, heroína, GHB, crack, etc. Con el fin de obtener un efecto inmediato, evita el filtro de la nariz o el estómago y comienza a inyectarse en vena. A partir de este momento cualquier episodio vital sin drogas se hace insoportable. El afectado actúa como un autómata que oscila entre el estado casi catatónico y la agresividad, o entre una profunda depresión y la violencia. Es entonces cuando surgen los intentos de suicidio, generalmente con sobredosis, y precisa de ayuda terapéutica urgente (curas de desintoxicación y tratamiento psiquiátrico).

No todos los consumidores recorren las cuatro pautas

En la intensidad de consumo intervienen factores emocionales, familiares, sociales e intelectuales que varían bastante de un individuo a otro.

1. Algunos prueban un par de veces y lo abandonan. Su curiosidad queda lo bastante satisfecha.
2. Otros dejan de consumir al final de la primera pauta o al comienzo de la segunda. Según los expertos, quienes interrumpen la ingestión de drogas y alcohol en este momento suelen hacerlo por una mala experiencia. Ésta bien puede deberse a una violenta y desagradable reacción del cuerpo, a la intervención de padres (o autoridades), o a que un conocido ha muerto de sobredosis, accidente, etc. Puesto que se hallan en un momento en el que todavía no hay gran dependencia de consumo, pueden dejarlo con relativa facilidad. Los científicos no consiguen ponerse de acuerdo respecto a las consecuencias que la ingestión de sustancias provoca en el cerebro de los

afectados cuando interrumpen el consumo en esta fase. Unos aseguran que el individuo consigue recuperar con el tiempo la habilidad cognitiva anterior. Otros, en cambio, afirman que el consumo regular durante el periodo de formación y crecimiento en la adolescencia daña irremediablemente el sistema neurológico.

3. Una porción menor que en los casos anteriores continúa a lo largo de la tercera pauta. En este momento la convivencia en casa se hace muy difícil, por lo que los familiares se percatan de la adicción y suelen intentar poner remedio para que el afectado no siga avanzando con ella.

4. Otro grupo lo forman los adolescentes que aproximadamente a los 20 años deciden rehacer su vida. En general, son consumidores de cannabis (marihuana, hachís, etc.), alcohol y *éxtasis* durante un tiempo prolongado. A raíz del hábito fracasaron en el colegio, no pudieron entrar en la universidad, y ahora desean poner remedio para mejorar las perspectivas. Son los que se someten de forma voluntaria a curas de desintoxicación. Intentan cambiar su aspecto físico, ingresar en la dinámica de los estudios, interesarse por algún deporte... aunque no siempre lo consiguen o sólo lo hacen de vez en cuando. Hacia los 35 años o principio de los 40 algunos necesitan ingresar en una clínica para alcohólicos debido a que no fueron capaces de dejar por completo el consumo de sustancias. Una parte de su personalidad, sentimientos y comportamiento quedó dañada para siempre y dejó al individuo en un estado de vulnerabilidad frente a la adversidad. Aunque haya abandonado la ingestión de drogas ilegales, intensifica su dependencia del alcohol.

Los canales de distribución de drogas y alcohol son tan eficaces que todos los adolescentes pueden caer en la trampa, aunque hay un grupo de características que hacen más vulnerables a unos que a otros:

1. El adolescente en cuya familia se abusa de los medicamentos. Cuando el más mínimo dolor se alivia con una pastilla. Cuando uno de los padres es un experto en automedicación. Cuando ese joven tiene un botiquín al alcance de la mano y sin control ninguno, repleto de «tentaciones» para apartar las penas y el dolor.
2. El adolescente cuyos padres beben alcohol a diario, aunque nunca haya presenciado una verdadera borrachera o se hayan padecido los estragos que el alcoholismo causa en una familia.

Hay muchos padres que lo primero que hacen al llegar a casa es servirse una copa de alcohol... a la que siguen otras, aparte del vino que acompaña la cena. A veces incluso hacen un ritual de ello pidiéndole al cónyuge o a los hijos «anda, sírveme una copita, que vengo muerto/a» (en la mayoría de los casos ya ingirió «unas cervecitas» durante la jornada de trabajo), con lo que el hijo se adiestra en la preparación de bebedizos supuestamente sanadores. El adolescente no sólo imita este patrón de conducta por contagio de la costumbre familiar. También la televisión es responsable de fomentar cada día el estereotipo de los beneficios del alcohol. Los protagonistas, por regla general guapos y triunfadores, ahogan sus pequeños contratiempos o sus triunfos en bebidas alcohólicas.

3. El joven con dificultades de relación con las personas de su edad.

4. El joven que arrastra durante mucho tiempo un bajo rendimiento escolar y no ha sido ayudado con la atención terapéutica necesaria. El fracaso escolar puede deberse a disturbios emocionales, a trastornos con déficit de atención, dislexia, hiperactividad, cociente intelectual pobre, etc.

5. Las familias con problemas económicos, laborales, etc.

6. Los jóvenes que se aburren. El vacío emocional interno les produce hastío, desdén por la vida. Su existencia transcurre en una especie de agujero negro, de letargo emocional. La asfixia de estímulos les mantiene permanentemente insatisfechos y en el intento de hallar curación buscan anécdotas y sensaciones que espabilen de forma momentánea el tedio. Suelen hallarlas en experiencias fuertes, agresivas, en todo aquello que ponga su vida al borde del límite.

7. Los hijos de padres alcohólicos o drogadictos. Muchos estudios de neuropsicología señalan que el niño recién nacido puede presentar cuadros de dependencia a las sustancias si los padres son consumidores avanzados en el momento de la concepción. [8]

8. Los que desde su infancia viven en un hogar dominado por disturbios emocionales, en el que reina la tensión, los insultos, la falta de amor. Al llegar a la adolescencia, suelen buscar consuelo en grupos de personas que comparten problemas familiares parecidos. Juntos, intentarán encontrar vías para escapar del conflicto. Una de las más tentadoras es la del consumo de drogas y alcohol.

9. Los jóvenes que en su infancia sufrieron malos tratos o abuso sexual.

[8] M. Galanter, *Recent Developments in Alcoholism*, Plenum Press, Nueva York, 1991, pág. 11.

Para prevenir el consumo de drogas y alcohol

1. *Dialogue antes de que sus hijos entren en la adolescencia*

Los niños y preadolescentes tienen un elevado sentido de la justicia, de lo que es correcto y no. Es esencial dedicar periódicamente un tiempo para abordar el tema. Una forma muy eficaz de hacerlo es mediante el *intercambio de opiniones.*

Tenga en cuenta que los padres que pierden la capacidad de contacto con sus hijos antes de que éstos cumplan 10 años no tienen muchas posibilidades de éxito con ellos a partir de esta edad.

¡No!

- No hable con sus hijos como si lo supiera todo.
- No se ponga a sí mismo de ejemplo como persona carente de defectos, porque seguramente usted también comete errores. Tenga en cuenta que, aunque intente ser muy buen padre/madre, cuando sus hijos lleguen a la adolescencia encontrarán bastantes fallos que echarle en cara (y si no los encuentran, los inventan).
- No emita discursos ni sermones. Es preferible mostrar curiosidad frente a lo que ellos opinan.
- No haga otra cosa cuando su hijo le habla ni conteste mecánicamente «Ajá» para darle la sensación de que le está escuchando mientras lee el periódico, ve la televisión o prepara la cena. Atiéndale como usted quisiera ser atendido por un superior en su trabajo.
- No exagere. Recuerde que en la primera pauta de consumo no se perciben efectos secundarios nocivos, por lo que el jo-

ven puede pensar que usted le ha mentido. Es mejor ofrecer una imagen realista para que sepa lo que puede esperar, cómo le van a abordar quienes hacen proselitismo, cómo se sentirá cuando se la ofrezcan con insistencia, por qué merece la pena atreverse a decir *no*...

• No mantenga ni acepte posturas demasiado tolerantes o permisivas:

«Cada uno es libre de hacer lo que quiera.»

«Las personas son dueñas de su propia vida.»

«Todo el mundo tiene derecho a buscar la felicidad del modo que crea más oportuno.»

El drogadicto y alcohólico necesitan que se les cure, no que se les anime a seguir siéndolo.

• No ofrezca mensajes que contradigan o anulen los dados por su cónyuge. Sólo creará confusión y falta de credibilidad. Es mejor que ambos padres se pongan de acuerdo en la postura que van a tomar antes de hablar con los niños sobre el tema. Este punto adquiere especial importancia cuando los padres están separados, porque es frecuente caer en la tentación de llevar la contraria a lo que opina el otro sólo para fastidiar y no se tiene en cuenta la desorientación que esto puede causar en los hijos.

• No haga comentarios que ridiculicen las opiniones de sus hijos: «¡Qué tonterías dices!», «¡Eso es una estupidez!», etc. No les imponga por la fuerza las que tiene usted.

• No deje el televisor encendido mientras comen o cenan. Son momentos únicos en los que todos los miembros de la familia están juntos y, por tanto, ideales para intercambiar información, comentarios, bromas, etc. Si la televisión está encendida, el diálogo es imposible.

• Cuando se entere de que un compañero de clase consume drogas o que las distribuyen en la puerta del colegio, no se «chive» al director ni actúe sin estar antes de acuerdo con sus hijos. Es muy importante que se involucren en el plan de acción. Esto les dará seguridad y confianza cuando se las ofrezcan.

¡Sí!

• Fórmese adecuadamente para poder informar con veracidad.

• Esté disponible para ellos en casa. Muchos padres se torturan pensando que hacen daño a sus hijos porque el trabajo les obliga a estar fuera del hogar. Todos los especialistas coinciden en que lo importante para los niños no es la cantidad de horas que se les dedica, sino la *calidad* de esa dedicación. De nada sirve que una madre pase la jornada refunfuñando, insistiendo en todo lo que hace por ellos a cambio de nada, mostrando un alto grado de irritación que estalla al menor incidente. Conviene recordar que un padre feliz tiene más probabilidades de hacer a su hijo feliz.

• No olvide el nexo que existe entre la iniciación al consumo de alcohol/drogas y los primeros intentos de relación sexual. Muchos adolescentes creen que sin la ayuda de sustancias no serán capaces, no se atreverán, no estarán a la altura de las circunstancias o lo harán muy mal. Comuníquese con ellos en este sentido.

• Escuche eficazmente. Para hacerlo se necesita tiempo, dedicación y práctica. Ponga interés en lo que le está contando, alabe las opiniones que a usted le parecen «correctas».[9]

[9] Véase el capítulo III.

• Ayúdele a sentirse seguro cuando le cuente que le han ofrecido droga en la puerta del colegio, que su amigo íntimo las consume, etc. Si su hijo es capaz de contarle algo parecido, considérelo como un éxito personal. No lo eche a perder exagerando los gestos, alarmándose, o amenazándole. Sólo conseguirá que no le vuelva a contar nada. Aproveche el momento y ofrézcale la oportunidad para expresar su miedo, su angustia, sus sentimientos sobre el tema. Hágalo con la mayor serenidad posible.

• Elabore una lista de los puntos que desee abordar en las conversaciones. Fíjese en los mitos que defienden los profetas de la droga y plantee preguntas que den la oportunidad a los jóvenes de reflexionar sobre la veracidad de los mismos:

—¿Todos los artistas famosos se drogan?

—¿Cuál es la mejor forma para resolver los problemas?

—¿De qué se puede hablar la primera vez que conoces a un chico/a?

—¿Qué parte de ti gusta más a las personas de tu edad? ¿Cómo puedes mejorar lo que no les gusta?

—¿Crees que es divertido estar con una persona borracha?

—¿Crees que se puede tener una conversación interesante con alguien ciego de drogas?

—¿Se puede tener éxito en los estudios /en el deporte bebiendo alcohol?

2. *Reaccione a tiempo si su hijo fracasa en el colegio*

El fracaso escolar se arrastra a lo largo de los cursos y suele aumentar a medida que transcurren los años. Produce importantes heridas en la personalidad del niño, daña su autoestima y su seguridad, le hace más vulnerable al uso de drogas y alcohol.

¡No!

- No delegue en el profesor la responsabilidad de sacar a su hijo adelante. Colabore con él, pero no le exija que resuelva el problema; aunque lo intente, muchas veces el motivo del fracaso es ajeno a su trabajo.
- No piense que las discusiones que su hijo tiene con los compañeros son «cosa de niños». La falta de integración en el grupo induce a las fugas de clase.

¡Sí!

- Ponga a su hijo en manos de un terapeuta (pedagogo, psicólogo, psiquiatra) para que descubra la verdadera causa del fracaso escolar. Es la única manera de ayudarle.
- Elogie el esfuerzo, no el logro.
- Establezca metas realistas. [10]

3. *Ayude a sus hijos a tener amigos*

Como se ha visto, la influencia del grupo de amigos es decisiva en el inicio del consumo de sustancias.

¡No!

- No compare a su hijo con el niño perfecto, divertido, simpático, que nunca contesta mal, que ayuda en casa, etc., que además es hijo de sus mejores amigos.

[10] Véase el capítulo XI.

¡Sí!

- Invite a los amigos de sus hijos a casa. Es la mejor forma de conocer quiénes son, de dónde vienen, cómo piensan y qué influencia ejercen sobre sus hijos.
- Facilite el contacto de los hijos con asociaciones juveniles, grupos deportivos, etc.[11]

4. *Predique con el ejemplo*

De nada sirve que sus hijos observen contradicciones entre lo que usted les exige y lo que hace.

¡No!

- No tome una copa nada más llegar a casa para aliviar el cansancio ni levantar la moral.
- No beba con el estómago vacío para matar el *gusanillo*.
- No presione a los demás para tomar una última copa.
- No recuerde frente a sus hijos lo bien que lo pasó en su juventud, aquel día en que todos se emborracharon.
- No relacione el alcohol con la juerga.

¡Sí!

- Conozca sus propios hábitos de consumo, porque las costumbres familiares se contagian.
- Lleve la cuenta de la cantidad de alcohol que ha ingerido en el día... cervezas incluidas. Quizá el cuadro 18 sirva de ayuda.[12]

[11] Véase el capítulo X.

[12] *Guía para padres preocupados por las drogas*, Consejería de Trabajo y Asuntos Sociales, Junta de Andalucía, Sevilla, 1995.

CUADRO 18 CÓMO CALCULAR LA CANTIDAD DE ALCOHOL CONSUMIDA DIARIAMENTE			
Columna 1	*Columna 2*	*Columna 3*	*Columna 4*
Bebida	Número de copas	Equivalencia en cc de alcohol puro por unidad	Alcohol puro consumido
Botellín cerveza (5°)		10 cc	
Vino tinto		15 cc	
Oporto (18°)		18 cc	
Jerez, manzanilla (18°)		18 cc	
Whisky (45°)		30 cc	
Brandy, ron, ginebra, licor (40°)		20 cc	
Aguardiente (50°)		25,5 cc	
TOTAL			

Procedimiento:

1. Anote en la columna 2 el número de copas consumidas.
2. Multiplique la cantidad de copas de cada bebida por la equivalencia correspondiente de la columna 3.
3. Anote el resultado en la columna 4.
4. Sume todas las cifras de las columnas 2 y 4. Así será consciente del número de copas y de la cantidad de alcohol puro que ha tomado en el día.
5. Si el resultado de la columna 4 es inferior a 75 cc, el consumo de alcohol puro es moderado, si bien es mejor no ingerir alcohol en absoluto. Si la cifra está entre los 75 y los

100 cc, la ingestión es elevada, y si se prolonga en el tiempo puede acarrear problemas. Intente reducirlo y comprenderá hasta qué punto llega su grado de dependencia. Si el resultado supera los 100 cc, usted se halla en un nivel de alto riesgo. Intente poner remedio lo antes posible.

5. *Enséñele a tomar decisiones*

Enseñarle a tomar decisiones será esencial para que se sienta seguro cuando le ofrezcan drogas por primera vez y tenga que rechazarlas convencido de lo que hace.

Desde que el niño es pequeño, los padres se esfuerzan por enseñarle a ser amable, respetuoso y cordial en el trato con los demás. Este comportamiento resulta muy valioso en determinados momentos de la vida, pero no lo es cuando tiene que decir *No* a la presión del grupo.

¡No!

- No le sustituya, no haga las cosas por él, no permita que el instinto de protección que siente hacia él le prive de una experiencia que, aunque dolorosa, sea educativa.
- No espere a *que sea mayor* para que asuma responsabilidades.

¡Sí!

- Adjudicarle responsabilidades desde la primera infancia. Piense que su hijo, aunque sea pequeño, tiene dos brazos, dos piernas, y una cabeza para pensar. Es muy capaz de utilizarlos para decidir lo que quiere merendar, cómo desea tener ordenado su armario, dónde prefiere colocar sus juguetes, qué prioridad otorga a las asignaturas cuando hace los deberes, etc.

- Respetar cualquier decisión que tome, aunque le parezca equivocada. Indíquele las razones por las que usted piensa que ha cometido un error, pero no se las imponga.
- Ponga límites. Hágale saber que en casa no todo es válido ni está permitido. Manténgase firme en esta postura. De esta forma aprenderá a evaluar el riesgo que puede correr si se salta la norma.
- Dígale que hay situaciones en las que debe exigir que se respeten sus opiniones, como por ejemplo aquellas en las que los compañeros tratan de forzarle a probar alcohol o drogas.

Si descubren que su hijo es alcohólico o drogadicto

La convivencia familiar a partir de la tercera fase de consumo suele estar bastante deteriorada a causa de la tensión que ocasiona el mal comportamiento, los arranques de ira y las frustraciones que genera un hijo drogadicto.

Por el bien de todos, conviene tomar una serie de precauciones:

¡No!

- No le eche en cara todo lo que usted y su cónyuge han hecho por él. No serviría de nada y en cambio le daría ocasión para exponer un listado de defectos y reproches contra ustedes, que ha ido elaborando con el tiempo como mecanismo de defensa para justificarse a sí mismo en el intento de atenuar su cargo de conciencia.
- No se convierta en un perseguidor obsesionado por seguir sus pasos. No le acose con preguntas, sospechas o acusaciones. Con esto sólo conseguirá que se aleje cada vez más de usted.

• No le pegue, ni le insulte. A estas alturas de consumo, su adicción se ha convertido en una enfermedad. Exigirle que lo deje sin prestarle la ayuda necesaria es como pedirle a un paralítico que camine.

• No lo deje por imposible.

• No se agobie con sentimientos injustificados de culpa. Seguramente usted, como padre, ha intentado hacerlo lo mejor posible. Lo esencial es que siga intentándolo.

• No esconda o vacíe las botellas de bebidas alcohólicas. Las buscará con desesperación fuera de casa y continuará bebiendo.

• No confíe en sus promesas de que «Ya no lo voy a hacer más» cuando, ante una situación de presión, vuelve a consumir.

¡Sí!

• Comprender que el problema no está sólo en el consumo, sino también en las circunstancias que le han llevado a él.

• Ayudarle a entender que sin la colaboración de un profesional le será casi imposible dejar la adicción.

• Tener presente que los adictos suelen chantajear constantemente a la familia con amenazas de suicidio, de autolesión, de fugas, etc. No ceda bajo ningún pretexto. Si lo hace no le está ayudando.

• Contactar con una asociación o con un centro provincial de drogodependencias.[13]

• Mantener la calma ante el síndrome de abstinencia. No acepte chantajes en esos momentos.

• Ponerse de acuerdo con su cónyuge y establecer unas normas infranqueables de convivencia. Es esencial no mostrar pos-

[13] El teléfono informativo del Comisionado para la Droga facilita cualquier información relacionada con el consumo de drogas y alcohol. El número es 900 20 05 14 y la llamada gratuita.

turas contradictorias. El afectado utilizará al más débil para salirse con la suya.

- Aprovechar cualquier circunstancia favorable para que su hijo inicie un tratamiento.
- Involucrar a todos los hermanos en la búsqueda de soluciones. De esta manera se evita el contagio y se ofrecen argumentos suficientes para que, cuando les llegue el turno, sepan por qué merece la pena decir *No*.

> ¡RECUERDE!
>
> *Hable con él sólo cuando esté sobrio.*

TAMBIÉN LA FAMILIA NECESITA TRATAMIENTO

Las personas que la padecen o que la tratan, aseguran que la drogadicción (o el alcoholismo) devasta la armonía familiar. Cuando el afectado inicia un tratamiento, el terapeuta suele señalar que el apoyo de toda la familia es de enorme valía para que el paciente progrese adecuadamente.

Con la mejor intención, cada familiar adopta un patrón de comportamiento generalmente medido, presionado por el miedo a hacerlo mal y que en definitiva carece de naturalidad; lo que termina por explotar en el momento más inoportuno.

Por ejemplo, uno de los padres puede elegir el camino de ser tolerante, permisivo o solucionador de todas sus faltas. Le recoge el cuarto, acepta sus chantajes, se echa a sí mismo la culpa de lo ocurrido, etc.

Otro padre, puede decidirse por el distanciamiento. No se entromete en la labor del médico para no estorbar, delega en su cónyuge, y adopta con el enfermo una postura pasiva o le carga con toda la responsabilidad de su curación.

Los hermanos también pueden actuar de diversas formas. Algunos intentan equilibrar la balanza: realizan proezas para sacar muy buenas notas, procuran ser atentos y disciplinados en casa, etc. Por desgracia, a pesar de sus méritos, los padres siguen teniendo una herida abierta que acapara toda su atención, y no suelen valorar en su justa medida el esfuerzo que uno de sus hijos «sin problemas» está haciendo, por lo que éste termina considerándolo fallido. Se siente inútil, incapaz y entonces demuestra a sus padres que ahora sí tiene un problema.

En algunas familias uno de los hermanos se siente menos importante que el enfermo y para recuperar el interés de los padres, ahora dedicado por entero al conflicto del hermano afectado, imita el comportamiento de éste. Llamar la atención, aunque sea de forma negativa, es mejor que no llamarla en absoluto.

Otros hermanos, por el contrario, deciden que el mejor camino es el de tomarse las cosas con humor y lo utilizan para aliviar el clima de tensión que, como es constante, les convierte en el colmo de las payasadas.

El tratamiento terapéutico familiar es necesario no sólo para curar al drogadicto (o alcohólico), sino también para aliviar el sufrimiento que la adicción de éste produce en todos los miembros de la familia.

DESCRIPCIÓN DE LAS PRINCIPALES DROGAS

Alucinógenos

Los alucinógenos se ingieren, esnifan, inyectan o inhalan. A corto plazo producen visiones alucinatorias, alteración de la percepción, energía desorbitada. En grandes dosis ocasionan ansiedad, psicosis, paranoia. El usuario necesita aumentar cada vez más las dosis para alcanzar el efecto inicial. Su consumo y venta son ilegales.

LSD

El LSD es uno de los alucinógenos más conocidos. Se ingiere. Apareció a finales de los años sesenta y estuvo muy ligado a movimientos contraculturales de Estados Unidos: fue la droga estandarte de los *hippies*. Se utiliza para pegarse un viaje (sesión de alucinaciones auditivas y sobre todo visuales).

— Efectos secundarios: Ansiedad, depresión, insomnio, taquicardia y molestias renales y hepáticas.

— Efectos a largo plazo: Nistagmo (pérdida de control de los ojos, no se dirigen bien, ni se enfoca la vista correctamente), delirios paranoides, crisis de angustia, agresividad, elevada carga de violencia, insomnio y sobre todo *flash backs*: aunque no se esté consumiendo en ese momento, el cuerpo sufre sacudidas, tiemblan las manos y se padecen alucinaciones.

Antidepresivos

Los antidepresivos se consumen por vía oral o intravenosa. No generan tanta dependencia psicológica como otras drogas, producen sensación de calma y bienestar en estados de crisis o depresión. Su consumo excesivo y sin control médico puede ocasionar convulsiones, alteraciones hepáticas, estado de coma o la muerte. Algunos antidepresivos precisan aumentar cada vez más la dosis para alcanzar el estado inicial.

Se venden en farmacias bajo prescripción médica.

Barbitúricos

Su ingestión produce relajación, sueño y tranquilidad. El consumo excesivo ocasiona resaca, una forma de hablar pastosa, confusión mental, malestar, irritabilidad y la muerte. El consumidor se habitúa fácilmente al consumo: sin barbitúricos ya no se encuentra bien, y necesita aumentar las dosis con el tiempo para alcanzar el efecto inicial.

Se venden en farmacias bajo prescripción médica.

Estimulantes

Cafeína

Esta droga no sólo se ingiere en dosis mínimas a través del café, el té, los refrescos de cola, etc. También se adquiere en pastillas que contienen cafeína en grandes cantidades y su efecto dura de dos a cinco horas. Esta sustancia quita el sueño, genera hábito y el consumidor necesita aumentar las dosis con el tiempo para lograr el efecto inicial. El uso prolongado y excesivo produce insomnio y trastornos gástricos. Hasta la fecha, la cafeína no es objeto de restricciones legales.

Cocaína

La cocaína se puede esnifar, inyectar o fumar. Los efectos a corto plazo duran cuatro horas y producen sensación de fuerza, confianza, poderío, etc. Su consumo masivo ocasiona depresión, irritabilidad, psicosis, impotencia sexual, fallo cardiaco y la muerte. Genera hábito, adicción y alta tolerancia[14]. Su venta y consumo son ilegales.

[14] *Tolerancia*: Necesidad de aumentar las dosis para obtener el efecto inicial.

Drogas de diseño

Las *pastis* y drogas de diseño empiezan a adquirir adeptos entre los adolescentes que huyen de la jeringuilla. También se denominan drogas de síntesis. Se ofrecen de manera ilegal como sustancias inofensivas. La edad de inicio en el consumo puede llegar a situarse entre los 12 y los 14 años.[15] Las drogas de diseño son productos derivados de las anfetaminas. En general, se trata de sustancias sintetizadas químicamente de forma clandestina. La fabricación en laboratorios piratas hace muy difícil el control por parte de las autoridades. Estas drogas poseen una estructura y una acción farmacológica similar a las de las drogas de uso tradicional, aunque presentan diferencias en el proceso de obtención, tráfico, precio y fines de uso.

1. *Éxtasis*. También llamada píldora del amor. Técnicamente se denomina MDMA. Se consume como sustancia afrodisiaca y desinhibidora junto al dogma de «facilita la comunicación o ayudan a la gente a ponerse en relación con sus sentimientos». El *éxtasis* proporciona una falsa sensación de fuerza. El baile se hace nervioso, con movimientos exagerados, como una máquina. Produce taquicardia y palpitaciones, tics nerviosos, rechinar de dientes, muecas incontroladas. La mezcla con otras pastillas o con alcohol provoca vómitos además de serias complicaciones en el hígado y riñón. Su consumo prolongado genera psicosis paranoide, esquizofrenia y la muerte.

El precio de las pastillas oscila entre las 3.000 y las 5.000 pesetas por pastilla, y algunas personas llegan a ingerir hasta doce en una sola noche.

[15] *Hábito de salud en la juventud española*. Programa Municipal de Drogodependencias, Valencia, 1995.

2. *Herbaléxtasis*. Se trata de una droga de síntesis de reciente aparición en España. Se vende bajo la apariencia de hierbas vegetales y como producto natural inocuo para la salud. Se presenta en forma de pastillas de color verde o azul y el precio de una caja oscila entre las 3.000 y 5.000 pesetas. Al contrario que el *éxtasis*, no se trata de un derivado anfetamínico, pero su composición es también dañina y pretende que el consumidor resista más allá de lo que el cuerpo aguanta. Pueden adquirirse de forma ilegal en determinados herbolarios, tiendas de ropa para jóvenes, mercadillos, etc. Los usuarios están convencidos de que consumen plantas y, por lo general, desconocen que en realidad están tomando estimulantes. Al igual que el *éxtasis*, produce euforia, excitación y alteraciones del ritmo cardiaco.

3. *3 x 4*. Se vende como si fuera *éxtasis*, pero en realidad se trata de paracetamol + cafeína a un precio desorbitado.

4. *Speed*. En inglés significa «velocidad». Esta droga se inhala para aguantar el mayor tiempo posible un ritmo trepidante. Produce euforia, falta de apetito, insomnio, inquietud motora e inestabilidad emocional. Cuando su efecto desaparece sobreviene un estado caracterizado por tristeza, falta de energía, apatía y aumento exagerado de apetito. Su consumo prolongado provoca delirios, alucinaciones auditivas, ataques epilépticos, crisis de angustia, agresividad y confusión mental. La ingestión masiva es mortal.

5. *Polvo de Ángel*. Apareció en Estados Unidos después de que el LSD fuera controlado a finales de los años setenta. Se fuma y se mezcla con tabaco o con marihuana, aunque existe en forma líquida para untar en los cigarrillos o canutos. Al igual que el LSD, sirve para someterse a una sesión de alucinaciones auditivas y visuales.

6. *Ice*. Se presenta en forma de cristales transparentes, voluminosos, parecidos a una roca, sin color, sin olor. Los crista-

les se licuan con agua y el producto se inyecta, aunque puede fumarse. Su consumo, de efectos inmediatos, proporciona una energía increíble y una euforia que dura de ocho a veinte horas. Cuando se fuma, su absorción transmite directamente al cerebro una dosis de droga concentrada que provoca una dependencia muy fuerte, a veces incluso la muerte. Al principio, se ofrece de forma gratuita. Los efectos secundarios son pérdida espectacular de peso, paranoia, alucinaciones, trastornos respiratorios y comportamiento psicótico.

7. *Crack*. También recibe el nombre de *cocaína base*. Se fuma combinado con heroína. Sus efectos son inmediatos. Produce intensa excitación y sensación de bienestar. Duración de veinte a treinta minutos. Efectos secundarios: ansiedad, depresión profunda, apatía, ataques al corazón, incitación al suicidio.

8. *GHB*. Es el último grito en drogas de diseño. Es líquido. Se utiliza, entre otras razones, como potenciador sexual y se vende junto a una hoja de instrucciones.

9. *Popper.* Se inhala en las pistas de baile. Es un líquido contenido en un pequeño frasco parecido al de los perfumes. Sus efectos duran diez segundos.

Hierba

La hierba (marihuana o *Cannabis sativa*, hachís, THC, etc.) se fuma, se ingiere o se inyecta. A corto plazo relaja, desinhibe, produce euforia, aumenta el apetito y altera la percepción. El efecto dura de dos a cuatro horas. Su consumo masivo produce ansiedad, paranoia, infertilidad y pánico. Genera hábito y su tolerancia es alta. La venta es ilegal.

Inhalantes

Los más comunes son el pegamento y los aerosoles. Se inhalan y su consumo a corto plazo produce relajación, euforia, falta de coordinación. Los efectos duran de una a tres horas. El consumo excesivo provoca alucinaciones, alteraciones mentales, trastornos hepáticos, de riñón y óseos y la muerte. Generan hábito y su tolerancia es moderada.

Narcóticos

Entre los narcóticos más conocidos cabe señalar la codeína, la morfina, la heroína, la metadona y el opio. Se ingieren, inhalan, inyectan o esnifan. A corto plazo producen relajación, alucinaciones, sensación de bienestar, quitan el dolor y la ansiedad. Su efecto dura cuatro horas. En grandes dosis ocasiona catatonia (estupor, inmovilidad) y la muerte. Generan hábito, son adictivos y su tolerancia es alta. La venta de la heroína es ilegal, pero el resto se vende bajo prescripción médica.

Tranquilizantes

Los más frecuentes son el Valium y el Equanil. Se ingieren, su duración es de 12 a 24 horas, y su consumo a corto plazo alivia la tensión, violencia, ansiedad, produce sueño y tranquilidad. El alcohol potencia los efectos y si se combina con el Valium puede ocasionar un estado de coma o incluso la muerte.

La ingestión masiva provoca cansancio, visión borrosa, forma de hablar pastosa, catatonía o reacciones alérgicas. Generan hábito moderado, adicción en el caso del Valium, y su tolerancia es alta.

Se vende con prescripción médica.

¡RECUERDE!

- *El teléfono de información del Comisionado para la Droga es el 900 20 05 14. La llamada es gratuita.*

CUARTA PARTE
Disturbios emocionales

XIII. Violencia, bandas y conducta antisocial

Al fin le llegaba la prueba de dureza y frialdad... Intento de asesinato... Pronto él estaría matando, rompiendo la cadena interminable de los odiosos tabúes sociales.

Noburu [1] *cogió al gatito por el cuello y se levantó. El animal colgaba mudo de sus dedos. Trató de encontrar en su interior algo de piedad, y sintió que, al igual como se ve una ventana iluminada desde un tren, la compasión aleteaba muy lejana, un instante, y luego desaparecía.*

YUKIO MISHIMA, *El marino que perdió la gracia del mar.*

¿Dónde se hallan las raíces de la agresión sin sentido? ¿Es la violencia un rasgo congénito, innato en el hombre? El deseo de herir a los demás, de pisotear su compañía, de estrangular su proximidad, ¿están ligados al instinto de supervivencia?

El impulso de salvar la propia vida es innato en el hombre y desde el principio de los tiempos el ser humano se ha defendido del adversario mediante el ataque o la huida. A medida que la sociedad ha ido avanzando y las necesidades básicas de comida, vivienda o vestido están garantizadas, se ha instalado

[1] Noburu tiene 13 años. (*N. de la A.*)

en el comportamiento del hombre un nuevo concepto: el respeto a los demás, a sus derechos, sus sentimientos o su territorio. Ya no es necesaria la fuerza o la brutalidad para lidiar con el intruso o el contratiempo. La estrategia de defensa actual utiliza sistemas más intelectuales, racionales o dialécticos que físicos o emocionales. Sin embargo, algunas personas no logran controlar el impulso de la violencia física contra los demás. Entre ellas existe un grupo que agrede de forma compulsiva, a quien la violencia produce placer interno, un deleite específico que estimula el sentimiento de superioridad, de creerse mejor, más importante, de ser dueño sin freno de las vidas ajenas. Son los llamados *delincuentes*, personas dañinas, inmaduras, incapaces de dar o recibir afecto, sacudidas por el aburrimiento, por el vacío emocional y que sienten repugnancia hacia la vida.

LA REBELIÓN DE LOS ADOLESCENTES

Las raíces de las pulsiones violentas de los adolescentes se hallan en la falta de madurez para controlar el comportamiento cuando se presenta un contratiempo real o imaginario. Al igual que ocurre con el niño pequeño, algunos jóvenes reaccionan de forma impulsiva, sin freno emocional, y pueden hacerlo ante un simple comentario, o cuando se les pide que hagan algo que no les agrada, es decir, cuando no existe motivo que justifique tal explosión de ira. Pero, a diferencia del niño, el adolescente posee una fuerza física y una capacidad para maquinar la agresión de las que carece un infante. El desafío frontal de los adolescentes se puede presentar bajo tres formas de conducta: provocaciones normales, comportamiento problemático y comportamiento delictivo.

Provocaciones normales

En general, las provocaciones normales no son preocupantes, aunque suelen merecer una reprimenda: escaparse de casa una noche, desobedecer a los padres, insultar, colarse en algún sitio sin pagar la entrada, hacer trampas, llamadas telefónicas obscenas, etc. Este tipo de conducta es normal en el mundo adolescente. Lo habitual es que se practique junto al grupo de amigos y con la única intención de sentir el placer que produce traspasar la barrera de lo prohibido.

Comportamiento problemático

Un comportamiento es problemático cuando el adolescente se ha metido en problemas o está a punto de hacerlo: fugas de clase o de casa, hurto, violación de las leyes de tráfico, asalto a chicos más pequeños, consumo de alcohol o drogas, explosiones de ira sin control, amenazas a un padre o un profesor, compras de material robado o causar daños a una propiedad pública (un parque, estadio de fútbol, colegio, etc.).

En casa o en la escuela, y con frecuencia en ambos lugares al mismo tiempo, el joven vive en un ambiente que interpreta como hostil y en el que explota al menor incidente, está constantemente a la defensiva atacando antes de ser atacado. Tras cometer la infracción suele llenarse de arrepentimiento, que pronto olvida para embarcarse en un nuevo desafío.

Entre los jóvenes problemáticos algunos se deleitan en contravenir las órdenes, pues la desobediencia les hace sentirse fuertes y poderosos. Rechazan o violan todo aquello que los adultos piden o defienden. Cualquier amonestación de los padres —«Si continúas así, te echarán del colegio»— la convierten en un reto. A partir de ese momento hacen lo posible para que, en efecto, les echen del colegio en un intento de demostrar su libertad y autonomía frente al mundo del orden y la disciplina. Cuando este tipo de conducta se hace repetitiva y compulsiva, entra a formar parte del tercer grupo que se explica a continuación.

Comportamiento delictivo

El comportamiento delictivo del adolescente produce un daño irrevocable a la comunidad o a determinadas víctimas: robo, homicidio, violación, tráfico de drogas, invasión de un domicilio ajeno, etc. Los jóvenes delincuentes apenas son capaces de razonar acerca de lo que es correcto o no en el trato social, lo que les lleva a ser impermeables ante cualquier tipo de respeto a los sentimientos o derechos de otras personas. Tienden a justificar sus actos vandálicos: «No tenía intención de robar, pero, de pronto, vi la cartera repleta de aquel tío y me entró hambre.» O también a minimizar su participación en ellos: «A ese tío le sobra la pasta» o «No quise rajarle. Sólo pretendía que se cagara de miedo».

El desafío más cotizado es el de delinquir «sin que me pillen». La impunidad, no ser descubiertos durante o tras la agresión se convierte en una hazaña más importante y deseable que la del propio asalto. Algunos delincuentes actúan junto a otros de su misma condición formando *bandas* o grupos de ataque. El rechazo social hacia la delincuencia une a sus protagonistas en un frente común. El grupo permite el anonimato frente a las fuerzas de seguridad y al mismo tiempo ofrece a sus miembros ánimo, seguridad y el reconocimiento que quizá jamás recibieron de sus padres.

Otros delincuentes, en cambio, actúan en solitario y cuando se relacionan lo hacen de una forma oportunista, y sólo si calculan que les puede acarrear algún beneficio.

PRINCIPALES CAUSAS DE LA VIOLENCIA JUVENIL

Entre las causas más importantes, cabe señalar tres: mecanismo de defensa contra un ataque real, defensa contra un ataque imaginario y alimentación del sentimiento de poder.

Mecanismo de defensa contra un ataque real

Algunos adolescentes utilizan la violencia como sistema de defensa. La agresión les permite frenar la amenaza física o psicológica de la que son víctimas, en cuyo caso la violencia es aprendida por haberla sufrido de forma directa y no genera ningún sentimiento de culpa. Estos jóvenes viven en un mundo hostil, en el que la agresión y el acoso forman parte de la cotidianidad en casa, la escuela o el barrio. El ambiente familiar suele ser autoritario y desigual, la disciplina severa pero inconstante o también inexistente: «Me da igual lo que haga mi hijo mientras no se meta en problemas.»

La reacción imprevisible, explosiva, opresiva o indigna por parte de los padres acaba con cualquier vestigio de respeto que el hijo pueda albergar hacia ellos u otras personas. El mal trato recibido (y que imitan) les impide valorar de forma positiva sentimientos ajenos y apenas distinguen lo que es correcto o no en la relación con los demás.

Defensa contra un ataque imaginario

El joven responde con violencia a provocaciones imaginarias de tipo paranoide. Esta forma de conducta suele producirse en personas impulsivas, inseguras, dominadas por la ansiedad y el estrés que les produce el contacto con el mundo exterior, al que perciben como hostil y contra el que luchan con violencia desmesurada: por ejemplo, incendia el mobiliario de la clase porque un profesor *le hace la vida imposible*, cuando en realidad es al contrario.

La violencia es el medio que tiene el adolescente para descargar la presión interna que le acosa insoportablemente, porque no sabe interpretar determinadas situaciones sociales ni tampoco las verdaderas intenciones de otras personas, de las que sospecha sin cesar.

Los científicos aseguran que existe una clara relación entre este tipo de conducta violenta y el consumo de drogas o alcohol.[2]

Alimentación del sentimiento de poder

El joven desea que los demás le consideren *auténtico*, hacerse respetar. Le gusta dar lecciones mediante la imposición de su voluntad, infundiendo miedo y controlando en todo momento la situación: «Estoy por encima de la ley, porque puedo mantener a la ley por debajo de mí.»

La violencia incontrolada le da la oportunidad de dar salida a los miedos, los complejos y las insatisfacciones personales que invaden su vida. La agresión es el único canal de expresión

[2] Véase el capítulo XII.

que le satisface. Su personalidad suele ser fría, carente de todo sentimiento positivo hacia los demás, y percibe la vida ajena con repugnante desdén.

BANDAS O GRUPOS DE ATAQUE

La formación de una banda juvenil suele surgir de manera espontánea, cuando los chicos se reúnen en salones recreativos, discotecas o a la salida del colegio. En general, sus miembros tienen en común que gozan de la misma incomprensión, rechazo o dificultades familiares, escolares o sociales. Todos comparten una gran insatisfacción por el mundo en el que viven y por el futuro que la sociedad pretende imponerles, razón que les lleva a preferir estar con el grupo de «iguales» antes que en casa, y la banda se convierte en una especie de segunda familia, un lugar donde se les comprende y anima a *vomitar* sus frustraciones.

Poco a poco empiezan a dedicar todo su tiempo de ocio, que es mucho, a las demandas, los ritos o la filosofía de la banda. Buscan un lugar de reunión, por regla general una casa abandonada, un garaje o un bar, en el que almacenan consignas, panfletos, alcohol, objetos robados... y donde planifican la estrategia de acción de cada uno de sus miembros. Exhiben un atuendo especial que constituye el uniforme del grupo y suelen organizarse de forma jerárquica, nombrando a un jefe que ejerce un fuerte control sobre los demás miembros. La falta de miedo o de escrúpulos, la crueldad, la grosería, la brutalidad, la dureza, la zafiedad, etc., se consideran hazañas, y quien más destreza demuestra en este sentido se convierte en el jefe de la banda.

El líder de un grupo juvenil pasa la mayor parte del tiempo

ocupándose de su reputación de *luchador*. Su principal cometido consiste en ganar prestigio ante sus *súbditos*, y lo consigue haciendo ostentación de su agresividad, su capacidad para luchar y su despliegue de *tiranía* contra los de fuera, además de talento para llevar a los *suyos* hacia la gloria triunfal frente a otras bandas.

Los lazos que unen a los componentes del grupo se van fortaleciendo hasta que alcanzan un grado de pujanza que todo lo arrolla. La banda ataca, defiende sus intereses, infunde miedo a las personas más conservadoras que habitan el barrio, o, por el contrario, despiertan el entusiasmo de otros jóvenes que perciben las acciones violentas del grupo como hazañas. Cuando uno de estos nuevos entusiastas quiere entrar a formar parte del grupo, se le somete a una prueba iniciática en la que deberá demostrar sus habilidades vandálicas.

El enemigo u objeto de ataque varía de una banda a otra. Algunas lo encuentran en un equipo de fútbol contrario, en una raza, en un grupo de distinta filosofía (los *skins* contra los *punkies*), etc. Sin embargo, todas ellas cuentan con un sistema de valores parecido: robar, atentar contra la propiedad privada, agredir lo que la sociedad aplaude o considera bien visto, atentar contra la integridad física de las personas y, en definitiva, odiar toda norma social o moral. También establecen un código o reglas inquebrantables: ser *auténtico*, el compañerismo, ser frío e insensible al miedo, etc.

La atracción que este tipo de grupos ejerce sobre los adolescentes se debe a la aureola de fuerza y poder que envuelve a sus miembros: son *alguien*, infunden miedo, la gente les respeta, son los dueños de la calle, viven al límite, etc.

¿QUÉ PUEDEN HACER LOS PADRES?

Cualquiera de los síntomas que se han descrito en este capítulo relacionados con el trastorno repetitivo de conducta, la alteración del psiquismo, los disturbios emocionales, la dependencia del adolescente de un grupo violento, etc., precisan intervención urgente de un terapeuta, quien atenderá no sólo al afectado, sino a toda su familia, con el fin de encontrar las claves que permitan al joven integrarse de nuevo en un ritmo de vida lejos del caos y la agresión, mejorar su madurez, dominar las emociones, ser dueño de sí mismo y de sus actos.

XIV. Depresión y suicidio

Todas las personas sufren un desgarro en el ánimo en algún momento de su vida. La angustia, la incertidumbre y el miedo son compañeros inseparables de la condición humana. Generalmente, se trata de episodios esporádicos que acaban superándose sin dejar huella. Otras veces, en cambio, el afectado no logra sobreponerse. Los familiares no entienden bien lo que sucede, se sienten impotentes para ayudarle, y la tristeza o la irritabilidad desmedida terminan por desencadenar una depresión, crueldad sin sentido o incluso una tentativa de suicidio.

LA DEPRESIÓN JUVENIL, ¿ENFERMEDAD O TRISTEZA?

La *depresión* no es una enfermedad mental, sino *una alteración del estado de ánimo* tan profunda que necesita la intervención de un terapeuta. El sufrimiento del enfermo es terrible y quien consigue superarlo asegura que hubiera preferido padecer cualquier otra enfermedad. En líneas generales, según la causa que origine la situación, se pueden distinguir dos tipos:

1. *Como reacción a un acontecimiento específico.* La muerte de un pariente, el divorcio de los padres, la traición de un

amigo, etc. El sentimiento de frustración se prolonga en el tiempo y al final adquiere proporciones exageradas que impiden al afectado llevar un estilo de vida normal. Este tipo de depresión se cura con cierta facilidad, generalmente mediante psicoterapia y cuando el enfermo logra enfrentarse a los hechos que desencadenaron la tristeza.

2. *Sin causa aparente.* Otro tipo de depresión, de curación más difícil, es la que comienza sin causa aparente, poco a poco va minando el ánimo y la voluntad del afectado y termina por socavar su vida. El enfermo no recuerda cuándo empezó a introducirse en ese túnel sin salida. Nada merece la pena, ni siquiera el hábito más simple como ducharse, vestirse o peinarse. Se siente culpable de cosas sin demasiada importancia o ya olvidadas. Padece cansancio excesivo, pereza indómita. No tiene ganas de hacer absolutamente nada ni de hablar con nadie. Llora sin motivo, a solas o cuando escucha un comentario inocuo. No duerme bien, el día y la noche, minuto a minuto, se viven con pesimismo invencible.

El deprimido no puede explicar lo que le pasa, no tiene motivo que justifique tanta desolación, pero ante la insistencia de los familiares —«¿Por qué te pones así? ¡No tienes ninguna razón!»— busca cualquier contratiempo cercano: la discrepancia con un amigo, el reproche de un profesor, el divorcio de los padres de un compañero de clase o cualquier otra causa (en ocasiones la inventa) que ayude a explicar su tristeza.

La depresión de los adolescentes puede manifestarse de manera diferente a como lo hace en el adulto. Suele ir ligada a determinados desórdenes de conducta como anorexia, bulimia, drogadicción, violencia, dificultad de aprendizaje o concentración, confusión sexual, etc.

El diagnóstico es difícil debido a las rápidas fluctuaciones de ánimo que caracterizan a los jóvenes: el cambio físico, el alejamiento del abrigo del hogar, la inestabilidad emocional, el distanciamiento de los padres y el intento de ser aceptados en el grupo de amigos hacen que el chico y la chica se enfrenten de vez en cuando a sentimientos negativos hacia sí mismos. Por este motivo es frecuente que los padres no sepan distinguir entre la verdadera depresión (como enfermedad) y las alteraciones de carácter típicas de la adolescencia: tristeza, irritabilidad, angustia, desencanto, impulsividad, etc.

CUADRO 19
SEÑALES DE ALARMA DE LA DEPRESIÓN EN LOS ADOLESCENTES *

— Baja autoestima, imagen destructiva de sí mismo.

— Profunda tristeza. Llora a solas sin motivo y lo hace con frecuencia.

— Vacío emocional. En ocasiones, este sentimiento les induce a buscar estimulación constante. Se embarcan con entusiasmo en actividades excitantes que abandonan de forma repentina e inmediata para buscar desesperadamente cualquier otra capaz de hacer desaparecer o aliviar el agujero negro que hay en su vida.

— Insomnio o, por el contrario, más horas de sueño que lo normal (puede llegar a dormir entre diez y catorce horas, pero se levanta como si no hubiera dormido en absoluto).

— Cansancio desmesurado por culpa del insomnio.

— Pesimismo. En ocasiones se extiende a su propio cuerpo: se queja de dolor de cabeza o de estómago. No practica ningún deporte, porque «Todo me duele» o «Nadie me quiere en su equipo».

— Sentimiento de culpa por acontecimientos del pasado que ya se habían superado: «Aquel perro que hubo que regalar porque yo no me ocupaba de él», «Ella me dejó, porque yo me porté como un cerdo». (Después tuvo dos novias, pero ahora no las recuerda.)

— Ansiedad, tensión y nerviosismo que las chicas, en especial, intentan mitigar mediante la ingestión de alimentos.

— Falta de atención, confusión, desorientación (repentinas).

— Huida de toda relación social.

— Apatía para realizar cualquier tarea cotidiana: hábitos higiénicos, colaboración en el hogar, en el colegio....

— Falta de ilusión y estímulo ante cualquier premio o logro.

— Bajo rendimiento académico (repentino). Dificultad de concentración: «Aunque intente prestar mucha atención, no puedo recordar nada de lo que dice el profesor.» No suele conectar su fracaso escolar con el estado emocional negativo.

— Incapacidad para disfrutar con lo que antes le gustaba.

— Irritabilidad, violencia contra padres y hermanos que a veces se acompaña de conducta antisocial.

— Tentativa de suicidio.

* Una depresión se detecta cuando el afectado padece al menos tres de estos síntomas durante un periodo de dos semanas seguidas. El psiquiatra debe llevar a cabo el tratamiento.

Los expertos aseguran que gran parte de las *fases depresivas* del adolescente no se alimentan de una *verdadera* depresión (enfermedad), sino que se deben al desasosiego producido por la necesidad de cambio que todo joven lleva consigo. Sin embargo, muchas veces, aunque el joven está triste, siente la energía suficiente para intentar un cambio positivo. Tiene capacidad de evaluar la situación como negativa y vislumbrar una modificación que le ayude a sentirse mejor, en cuyo caso la tristeza no aniquila la voluntad del joven que la padece, sino que le empuja a buscar con urgencia recursos, nuevas estrategias para lidiar con problemas particulares, a experimentar con cualquier salida que le permita encontrar su verdadera identidad, forma de comportamiento más adecuada o relaciones más gratificantes, lo que, en definitiva, constituye el mayor desafío de los adolescentes. La verdadera depresión es ajena a la voluntad del afectado, ahoga su capacidad de reacción y le somete a una tortura ilimitada.

¿QUÉ PUEDEN HACER LOS PADRES?

Si ha observado alguno de los síntomas descritos en el cuadro anterior, conviene acudir al médico con urgencia.

En caso de que el adolescente esté en tratamiento, durante la terapia hay que ayudar al enfermo en casa de la siguiente manera:

¡No!

- No se empeñe en justificar la depresión del enfermo: «Está así porque uno de sus mejores amigos le ha traicionado.» Recuerde que el deprimido siempre tiende a buscar un argumento que justifique su tristeza. Los familiares, aturdidos por el sufrimiento del afectado, suelen consolarle por el supuesto motivo, que en realidad no lo es, provocando en el enfermo una amarga sensación de incomprensión y vacío.
- No le regañe: «No haces nada por animarte.» El deprimido no puede, aunque lo intente, embarcarse en cualquier tipo de actividad que le ayude a superar su agonía. Sufre un angustioso tormento en el que se mezcla el sentimiento de total impotencia y el cargo de conciencia por no estar haciendo «nada por animarse».
- No intente comprender lo que siente. No le agobie con preguntas ni con argumentos que pretendan disuadirle de su exagerado comportamiento. Muchas veces ni siquiera él mismo entiende lo que le ocurre.
- No pretenda *alegrarle* ni distraerle con viajes, invitando a amigos, etc. La depresión que padece no permite la posibilidad de estímulo o alegría.
- No se deje esclavizar por el enfermo: una persona que sufre depresión no tolera alegría junto a él, reclama constante atención y reprocha el vacío del que se siente víctima.

• Explíquele con serenidad que está enfermo e intente convencerle de que se deje tratar por un médico.

• Aplace las decisiones importantes del enfermo en lo que respecta a los estudios.

• Omita las normas tajantes, las preguntas o las afirmaciones en tono irritado o impaciente.

SUICIDIO JUVENIL: PONER FIN AL INSOPORTABLE ACOSO DEL INFORTUNIO

Según las estadísticas, el suicidio de personas entre 15 y 19 años se ha triplicado en los últimos veinte años. Esta cifra no considera el suicidio disfrazado de *accidente* ni tampoco contempla el intento fallido de poner fin a la vida de uno mismo. Si estos factores se tuvieran en cuenta, el resultado sería todavía más escalofriante y desolador.

Excepto en contadas y desgraciadísimas ocasiones apenas hay casos de suicidio entre niños menores de 11 años. Aunque el niño sea víctima de miserias y tormentos siempre alberga la esperanza de encontrar salida en el amparo de un adulto. El adolescente, por el contrario, huye de la protección adulta; quiere sortear la adversidad por su cuenta. Por primera vez en su vida la tragedia, el desengaño, la erosión del ánimo parecen carentes de solución y en ocasiones sólo vislumbra una única vía de escape: la muerte. La tragedia del suicidio no depende del éxito que se tenga o no tras la tentativa, sino del sufrimiento interno que padece quien lo intenta.

Fantasías de muerte: «Me mataré, y entonces lloraréis»

Muchos jóvenes coquetean con la idea de la muerte y lanzan comentarios o amenazas al aire en el intento de vengarse por un mal trato real o imaginario, llamar la atención de quien no la presta, o jugar con lo prohibido.

- «No me da miedo morir.»
- «Prefiero estar muerta antes que seguir viviendo en esta casa.»

La mayoría no tiene intenciones serias y definitivas de acabar con su existir. Tales amenazas sirven fundamentalmente de consuelo interno: los padres tiranos, el novio/a insensible, el amigo traicionero. Todos ellos llorarán cuando sea *demasiado tarde*: «Se arrepentirán de la injusticia que me han hecho y ya jamás podrán vivir tranquilos.»

Algunos tienen una idea romántica, glamorosa de la muerte. Cuando reciben la noticia de que un joven de su misma edad se ha quitado la vida, el suicida aparece a sus ojos como un héroe y no como una víctima de la desdicha. La mayoría de los adolescentes no calcula bien lo que significa morir, dejar de existir de un minuto a otro. Quieren desaparecer, pero no para siempre.

¿Qué mensaje se esconde tras una amenaza de suicidio?

La mayoría de las amenazas de suicidio juvenil solapan una motivación oculta a los ojos de los demás. A menudo la intención de morir es menos aguda que la razón que impulsa al joven a pensar en ella como solución. Los especialistas hablan de al menos diez causas por las que un adolescente puede coquetear con la muerte. Ninguna de ellas excluye a las otras. A continuación se detallan las más relevantes:

Manipulación

Cuando el joven no logra un objetivo esencial para él porque siente que alguna persona o circunstancia se lo impiden, puede lanzar una amenaza de suicidio sin tener verdaderas intenciones de dejar este mundo para siempre.

Este tipo de amenaza pretende influir en el comportamiento de la otra persona, llamar su atención, avisarle o castigarle y en definitiva hacer un intento desesperado de dominar una situación hacia la que se siente impotente.

Algunos jóvenes en este estado pueden dar un paso que va más allá de la simple amenaza verbal. Por ejemplo, ingiere una sobredosis de pastillas o se encierra en el garaje y enciende el motor del coche. Sin embargo, tiene cuidado y lo hace justo antes de la hora de cenar, con la certidumbre de que su madre, al ver que no acude a la mesa, irá a buscarle; o se encierra en el baño del colegio para hacerse un corte sangrante, justo antes del comienzo de una clase en la que se le echará en falta de inmediato, etc. De este modo se asegura un protagonismo que anhela desde hace tiempo, y casi siempre pretende vivir para gozar de tal regalo. Prueba de ello es que normalmente ha terminado la tarea escolar del día siguiente, ha quedado con amigos para acudir a una fiesta durante el fin de semana o tiene planes que le interesan mucho y no tiene intención de dejar.

Grito de auxilio

Este tipo de joven anhela una atención que no recibe, porque no puede o no sabe expresar su frustración y su miedo, de forma que puedan ser oídos. En un último intento de conseguir que las circunstancias cambien a su favor y tras haber probado suerte repetidas veces sin lograrlo toma pastillas, se encarama a la barandilla de un puente, etc. y al igual que en el caso anterior suele hacerlo habiéndose asegurado previamente de que una pronta ayuda vendrá en su busca.

El adolescente que atenta contra su vida como una llamada de auxilio no suele utilizar métodos letales. El problema está en que su falta de experiencia puede llevarle a dar un mal paso, casi siempre no previsto (una combinación de medicamentos que resulta ser mortal aunque el afectado no lo sabía) que termina por arruinar su vida. Su desolación y angustia mejoran notablemente cuando los familiares, aterrados tras la tentativa, atienden su demanda o le ponen en manos de un terapeuta que le ayuda a lidiar con el contratiempo.

Apuesta

Algunos adolescentes se colocan en el borde del abismo para impresionar, sentirse importantes frente a los amigos o padres. Parecen estar en constante reto, provocación. Su vida suele navegar en un mar negro, solitario, vacío y en permanente embotamiento emocional que intentan espabilar de forma momentánea arriesgando su vida (y la de los demás) con lo extremo.

Sienten predilección por cualquier comportamiento que conlleve alto riesgo y que escandalice a los demás. Tienden a practicarlo con ostentación: conducen a gran velocidad por el carril contrario, se hacen cortes de cuchilla en el cuello, la cara, los brazos o cualquier otro lugar bien visible, caminan por la vía del tren justo cuando está pasando, etc.

Aseguran no temer a la muerte incluso cuando se les explica con claridad la nefasta consecuencia que podría acarrear su conducta y muestran reticencia a cambiar su estilo de vida.

—Mis padres exageran. No entiendo por qué arman tanto escándalo. Yo controlo, sé lo que hago...

Castigo

Este joven comienza odiando a otra persona o un hecho concreto contra el que no puede o no sabe luchar. No lo expresa ni manifiesta abiertamente por lo que la ira termina incrustándosele en el ánimo hasta dominar su vida. Odia al otro y al mismo tiempo se termina odiando a sí mismo por no ser capaz de mejorar la situación. El sentimiento negativo termina siendo tan fuerte que no ve más salida que la punitiva. Mediante el suicidio se castiga a sí mismo y a la vez a la persona odiada, haciéndole compartir su angustia y desesperación, obligándole a lamentarse por la tragedia. Mediante el intento de suicidio pretende que el otro se haga eco de un diálogo que no pudo expresarse de otro modo.

El joven que pertenece a este grupo puede escribir previamente una nota que colocará en lugar bien visible junto al lugar de los hechos.

> *«Querido papá, sé que vas a llorar cuando veas que me he matado porque te has ido de casa. Pero ahora ya puedes estar tranquilo: no tendrás que pelearte más conmigo ni te volveré a dar disgustos. Espero que te sientas feliz por ello. Te quiero, papá. Julia.»*

En la nota suele mencionar tanto la injusticia de la que ha sido objeto (me has abandonado), la acción punitiva hacia sí —«Tengo que hacer este doloroso sacrificio»—, como hacia el otro —«Sé que vas a llorar, me mato por tu culpa».

Consumo de drogas, psicosis

En este tipo de adolescente el tormento interno es muy superior a cualquier acontecimiento estresante exterior. El joven psicótico pierde contacto con la realidad, oye voces internas que le incitan a matarse de forma machacona y que le someten a una tortura insostenible.

El consumo y el abuso de drogas alucinógenas pueden desencadenar un *mal viaje*, sobre todo peligroso porque precipita la vida del usuario hacia un pozo negro en cuyo final está la muerte.

Reacción a una pérdida

La muerte de un ser querido puede dejar al adolescente en un estado de desolación e impotencia tal que cae en las redes de una depresión. La vida deja de tener sentido si no es junto al que ya no está.

> —Hablábamos de todo. Era la única persona del mundo que no me criticaba, que me comprendía. Ahora ya no tengo a nadie más.

Sólo en él (o en ella) hallaba consuelo y comprensión. La pérdida encierra al afectado en un círculo desolador, aislado, vacío. Sin la compañía del desaparecido ya nada motiva o ilusiona lo suficiente. En tal estado anímico podría fantasear (consciente o inconscientemente) con el hecho de volver a reunirse con la otra persona en un lugar más allá de la muerte.

Reacción a un problema acuciante

En ocasiones el joven sufre un problema que, aunque a los ojos de los demás pueda ser soportable, acaba por minar la voluntad y la ilusión de quien lo padece. Sufre el tormento de la culpa y del sentimiento de inferioridad —«No soy capaz»—. Es el caso del que intenta quitarse la vida por culpa de las malas notas, el aislamiento, el rechazo del grupo, o la difícil relación familiar. Los padres atónitos quedan sacudidos por un insoportable sentimiento de delito —«Creo que le hemos exigido más de lo que puede dar»; «Hemos sido demasiado estrictos».

Al atentar contra su propia vida, este tipo de adolescente pretende acabar con el problema más que con su existir: aparte del foco problemático, las demás actividades que conforman su vida le satisfacen. No conoce el mecanismo necesario con el que dirigir su angustia de una forma más positiva.

Violencia

Este tipo de adolescente no desea llamar la atención ni manipular una situación en su favor. Quiere *dar una lección*. En este caso, la violencia se produce en ambas partes del conflicto. El joven puede ser víctima de injurias y a su vez él también maltrata al otro. El deseo de morir no es tan fuerte como el de aterrorizar al enemigo y en ocasiones puede acompañarse de fantasías homicidas.

El suicidio sin vuelta atrás

El adolescente rara vez se quita la vida por impulso y como reacción a un acontecimiento adverso e inmediato: romper con el novio, suspender, pelearse en casa, etc. Por el contrario, el suicidio juvenil, la intención definitiva de acabar con todo, suele planearse con meticulosidad y tiento. Algunos ordenan su dormitorio, reparten su ropa o sus pertenencias entre amigos, escriben una carta de despedida. Antes de tan drástica decisión ya intentó en varias ocasiones superar el infortunio esquivándolo o huyendo de él quizá mediante drogas, conducción peligrosa, sexo incauto o cualquier otra forma de comportamiento extremo, casi suicida. Con ello trataba de pedir ayuda, de comunicar a los demás su extravío y desgarro. Pero los demás no escucharon, no comprendieron, pensaron que estaba exagerando, que no había razón alguna que justificase tanto pesimismo.

¿QUÉ PUEDEN HACER LOS PADRES?

Con hijos en situación estable

Conviene hablar de vez en cuando con los hijos (que no están deprimidos ni han pensado nunca en quitarse la vida) del significado del suicidio. Tarde o temprano acabarán por conocer a través de los medios de comunicación el de un artista famoso o un joven de su misma edad. La aureola morbosa, por lo general impregnada de matices teatralmente trágicos que otorgan los medios de comunicación a un suicidio, resulta muy peligrosa para la joven audiencia de tales medios. Las razones son de diversa índole:

1. Es poco frecuente que una noticia periodística relate el tormento interno que padecía el suicida y menos todavía que mencione alternativas que hubieran podido mitigar el sufrimiento del afectado (grupos de ayuda, líneas telefónicas gratuitas, etc.). Como resultado los medios de información pueden inducir a pensar a la joven audiencia que el suicidio es un recurso fácil, incluso glamoroso para salir del apuro.

2. El suicidio, como todos los tipos de comportamiento, es contagioso. Si los medios de comunicación no manejan con habilidad este tema, pueden provocar una epidemia psíquica de tentativas suicidas entre los adolescentes, como ocurrió con la plaga de autoincineraciones a imitación de los bonzos de Vietnam.

Los jóvenes tienen más facilidad que los adultos para identificarse emocionalmente con una celebridad que se suicida. La clave ante la noticia de un suicidio está en evitar cualquier matiz romántico, heroico o dramático (aunque lo sea): «¡Qué horror!»; «Lo hizo, porque estaba en un callejón sin salida»; «Era víctima de la tiranía de sus padres/del colegio». Conviene dejar claro que la muerte inducida hacia uno mismo no es gloriosa ni heroica. Debe censurarse, ponerse en ridículo haciendo que el hijo piense por un momento en el aspecto patético y absurdo que tendría alguien de su misma edad que hubiera ingerido sobredosis de pastillas, saltado desde el piso 8º o se haya *volado los sesos*. Este último recurso es especialmente eficaz con las personalidades que tienden al histerismo, que son las más vulnerables a los comentarios de los familiares.

3. Asimismo conviene que los hijos sepan lo que hay que hacer si un amigo ha comentado algo acerca de *quitarse la vida*. Aunque lo haya hecho en el mayor de los secretos, no se aconseja seguir guardando ese secreto: «Por favor, Elisa, júrame por Dios que no le dirás a nadie cómo me siento. Te lo he contado a ti porque eres mi mejor amiga, la única que me comprende.»

La ayuda de un amigo suele ser menos eficaz que la de un adulto y, sin embargo, con frecuencia los jóvenes que albergan ideas de suicidio prefieren atormentar con tan atroz secreto a su íntimo amigo quien, para no traicionar al desesperado, se niega a desvelarlo. No tiene madurez para calcular la nefasta consecuencia de ocultar las intenciones que tiene el suicida, y se atormenta con el peso de la enorme responsabilidad que, tras la confesión, cae sobre sus espaldas: la tarea de mantener a su amigo con vida es una carga demasiado densa.

4. Por otra parte, también en la familia cae la responsabilidad de crear en el hogar un clima psicológico favorable hacia la vida y a todos los pequeños detalles cotidianos que le otorgan dimensión y sentido.

Ante una amenaza concreta de suicidio

— Dar o buscar con urgencia atención terapéutica. Todos los jóvenes que intentan un suicidio, con independencia de la causa que les incite a ello, necesitan ayuda profesional. La mayoría tiene rasgos depresivos, baja autoestima o serios problemas de inseguridad que a veces se disfrazan de violencia. Cuando el intento de suicidarse resulta fallido y el joven logra sobrevivir, no suele ser capaz de explicar con claridad por qué ha hecho tal cosa. En general, se trata de un grito de ayuda desesperado por muchos motivos que se interrelacionan.

— La reacción de los padres es de vital importancia. Algunos progenitores muestran incredulidad —«Sólo lo hace para que le haga caso, pero en realidad es un cobarde y jamás se haría daño a sí mismo»—; indiferencia —«¡Bahhh!, son cosas de la edad. Ya se le pasará el disgusto»—; ira —«¿Pero es que eres imbécil o qué?»—; sentimientos de culpa —«No supe darme cuenta de lo mal que lo estaba pasando»—; ridículo y vergüenza —«¿Cómo te has atrevido a montarme un numerito semejante?»— o profunda preocupación.

En general, cuando los padres muestran enfado, indiferencia, o creen que el joven les ha puesto en ridículo frente a la comunidad, están defendiéndose del lógico sentimiento de culpa y no se dan cuenta de que el hijo ha intentado una última y desesperada llamada de auxilio, de que su sufrimento es atroz, y de que ya luchó por encontrar cualquier otra salida antes que la de atentar contra su vida.

La reacción negativa de los padres puede inducir al hijo a intentarlo de nuevo, esta vez sin fallar.

CUADRO 20

SEÑALES DE ALARMA DEL POSIBLE SUICIDA

- Obsesión con el tema de la muerte en canciones, libros, símbolos...
- Comentarios directos sobre el deseo de quitarse la vida: «Seguro que estaréis mejor sin mí.»
- Dependencia del alcohol o de las drogas. Cuando el consumo aumenta —y con ello los conflictos familiares y sociales— pueden producirse tentativas de suicidio.
- Cualquier tentativa de suicidio fallida, aunque haya sido leve, requiere vigilancia severa. Puede volver a intentarlo.
- Antecedentes familiares de suicidio.
- Muerte de un ser querido ante la que el joven reacciona desesperadamente.
- Indicio de depresión o de euforia insólita.
- Coportamiento y huida de personas que hasta la fecha han sido importantes en su vida.
- Desprendimiento de sus objetos más preciados.
- Desinterés por la propia seguridad y por su vida.
- Disponibilidad de un arma en casa (por ejemplo, si el padre es aficionado a la caza).

Fin de la edad del pavo

—Hola, mamá, ¿cómo te ha ido el día? Pareces cansada.

—¿Qué?

—Venga, yo me encargo de todo, ¿por dónde empiezo? ¿Recojo la cocina o pongo la mesa para la cena?

—¿¿Qué??

—¡Que si prefieres que recoja la cocina antes de poner la mesa!

—¿¿¿Quééé???

—¡Oye! ¿Por qué dices tantas veces «qué»?

—¡Cariño!...

Y la madre se funde en un mar de emocionadas lágrimas.

El ocaso de la adolescencia llega de forma tan inesperada como empezó. Un buen día, de pronto, asoma un atisbo de civilizada humanidad en la compostura del joven. Quiere cooperar. Deja de criticar. Conversa con sus padres. Modera el uso y disfrute del teléfono. Trae al novio a comer a casa. Incluso se ofrece para sacar la basura. Algo insólito para esos sufridos padres resignados a padecer el síndrome de la adolescencia el resto de sus vidas.

Algunos adolescentes tardan más que otros en dar la grata sorpresa a sus progenitores. Todo es cuestión de tiempo; del tiempo que demoren en lograr esa *independencia* por la que tanto han luchado; el día que todo *esté bajo control*: orientación sexual, profesional y personal. Ese día el joven reconocerá sin pudor que adora a sus padres.

> Pues no termino de creerlo. Hoy mi Javi me ha dicho: «Te odio.» También ha dicho que se va a escapar del colegio y que le da igual lo que le pase. ¿Seguro que puedo esperar un milagro? ¿De verdad?

Del milagro no sólo hablo yo. También lo hace un verso:

Si amas algo, déjalo libre.
Si regresa es tuyo,
si no, es porque nunca lo fue.

Diccionario. Modos, modas y movidas de los adolescentes en España

«Si no chanelas lo que te bastean tus lacorros, empálmate con este tocho dabuten y ¡desenfunda el panipén de tu cuerpo, tronko!»

Acular: (Argot.) Acorralar, chulearse.

Akira: Personaje del cómic *Manga*. (Véase *Cómics.*) Se trata de un héroe futurista con antifaz que vive en el Tokio del futuro.

Ambient: Música electrónica derivada del *house*, que se distingue por su carencia de ritmo.

Amuelar: (Argot.) Fastidiar.

Anillarse: Perforarse el cuerpo con anillos. (Véase *Body Piercing.)*

Arrugao: (Argot.) Cobarde, miedica.

Bad Boy: Marca de sudaderas y camisetas muy cotizadas entre los amantes de la moda bakalaera, los *surfers* (hacen *surf* o *windsurf*) o los *skaters* (el monopatín como actividad favorita). Tienen colores chillones, dibujos *naïfs,* ilustraciones futuristas, dragones, alienígenas y calaveras. La marca Bad Boy compite con la Real y la Fear Nada. Su prestigio comienza a decaer con la aparición de una nueva marca: Million Dollar, el no va más. Quien no tenga una no está en el rollo.

Bakalao: Ritmo discotequero, asociado a las drogas de diseño, que se caracteriza por el uso repetitivo, poco elaborado y machacón de sonidos bajos electrónicos que se realizan con sintetizador. Las voces (no siempre las hay) suelen ser adaptaciones de canciones que fueron o son famosas (Beach Boys, James Taylor, El Bosco, etc.), y que son alteradas en tono y ritmo con un sintetizador.

El mercado discográfico ha encontrado un buen filón de consumo de este tipo de música entre los adolescentes. No se venden discos de un artista concreto. Lo que se precia es el cóctel, mezcla o batiburrillo de piezas musicales que suenan en las discotecas. Se hacen importantes lanzamientos publicitarios en los que se utilizan fenómenos de actualidad política y deportiva o también personajes populares de la televisión como tema principal de las portadas y de los anuncios en televisión. Los títulos tienen connotaciones sexuales: *Lo más duro* o cibernéticas *Ultra-mega-híper-mix*.

Bastear: (Argot.) Pedir.

Beat'n up: Término inglés que significa «Destrúyelos». En este caso se aplica al marciano, monstruo o enemigo del juego de lucha en el ordenador. La batalla puede desenvolverse con máquinas destructivas que pulverizan todo cuanto se entromete en el camino, o también con luchas cuerpo a cuerpo (puños, patadas, saltos acrobáticos, tirones de pelo, etc.) al estilo del deporte Wrestling.

Beavis and Butthead: Serie de dibujos animados estadounidense, en la que los protagonistas, uno rubio y otro moreno, son adolescentes macarras que abusan de lo escatológico y de las marranadas. Beben cerveza, fuman porros y hacen comentarios soeces contra todo orden establecido. Asimismo, hay profusión de salivazos, pedos, eructos, risa, a veces boba, a veces histriónica o burda.

Se proyecta en la cadena MTV entre vídeo-clips característicos de esta emisora de televisión que en España se recibe por cable y cuenta con una gran acogida entre los adolescentes.

Body Piercing: Perforar el cuerpo. Introducir alfileres, aros o joyas en los más insospechados y recónditos espacios del cuerpo humano. Se trata de una moda muy extendida en Holanda e Inglaterra. En España comienza a instalarse con prudencia.

Además de insertar todo tipo de artilugio metálico en las orejas, el *Body Piercing* practica agujeros e introduce joyas en las cejas, la nariz, los labios y la lengua. Pero la cosa no queda aquí: el *Body Piercing* persigue el placer sexual, las sensaciones fuertes. Por ello, nada mejor que ponerse aros y alfileres decorativos en pezones, labios vaginales, pene y testículos.

Es recomendable que los interesados se pongan en manos de un profesional, ya que puede convertirse en una tortura si la persona que lo hace es un aficionado. La mejor forma de encontrar un profesional es confiar en las experiencias de otros perforados, pues los consejos corren de boca en boca.

Existen unas instrucciones/recomendaciones fundamentales:

1. Preguntar al profesional todo lo que resulte inquietante por muy ridículo que parezca.

2. Informarse a conciencia acerca de su forma de trabajar y de los efectos secundarios.

3. Vigilar que el instrumental de trabajo esté esterilizado: agujas de un solo uso, pinzas esterilizadas, joyas de acero quirúrgico o de oro de 18 kilates. Las joyas del *Body Piercing* se llaman *STUD*. Son muy picudas, pero no cortan en absoluto. Por tanto, al perforar con ellas producen desgarros y heridas que pueden infectarse con facilidad. El buen profesional no

perfora con las joyas, sino que utiliza agujas hipodérmicas, esterilizadas y muy afiladas para perforar la piel de forma limpia, precisa y lo menos dolorosa posible.

4. Solicitar tratamiento postoperatorio. Un *Piercing* que se precie no cicatriza en dos semanas, aunque su aspecto externo así lo diga. A veces tarda más de un año.

5. Asegurarse de que el profesional no consume alcohol ni drogas. Su trabajo ha de ser muy preciso, como el de un cirujano.

6. Evitar a toda costa trastiendas, cuartos de atrás de bares, rastrillos, etc. El cuarto de trabajo ha de estar limpio, cerrado y correctamente iluminado.

7. No permitir que las perforaciones se hagan con pistola. Algunos falsos profesionales las utilizan para perforar lugares muy delicados como, por ejemplo, los pezones y el prepucio. Si se cae en manos de un profesional que maneja este instrumental, es mejor salir corriendo.

Botas: Todo un símbolo en el vestuario adolescente. Las de mayor éxito son las de montañismo y las militares. Cada tribu tiene su marca: para los bakalaeros las preferidas son las Kammet y las Art; las Salomón con cremalleras para los *skaters*, y las Doc. Martens, que fueron exclusivas de los *skinheads*, ahora forman parte del uniforme de los neopunkies, aunque cada día ganan más adeptos de otras tribus.

Burra o Cabra: (Argot.) Moto.

Calar: Probar algo: un deporte, una moto, etc.

Cannabis Fashion: El cannabis está revolucionando el mundo de la moda, algo muy novedoso, pues hasta la fecha la palabra *cannabis* era sinónima de *marihuana* o *droga psicoactiva*.

Se acaba de descubrir una variante del cannabis, concretamente de la familia de la *Cannabis sativa*, que cuenta con grandes propiedades ecológicas. Esta planta, al parecer, dura cuatro veces más que el algodón, no precisa de pesticidas, no contamina, sirve para hacer ropa, detergentes, papel y calzado entre otras muchas cosas. Las marcas de calzado y ropa no han dejado pasar el descubrimiento. Addidas está a punto de comercializar unas zapatillas deportivas con el nombre de Chronic, hechas de cannabis reciclado. Esprit fabrica a toda prisa una línea de ropa cuya materia prima es la hierba al cien por cien. Entre las instrucciones de lavado quizá aparezca algo parecido a: «Esta prenda no se fuma.»

Chanelar: (Argot.) Comprender. Enterarse.

Cocina: Laboratorio clandestino donde se fabrican drogas de diseño.

Cómics: Toda una revolución en el mundo editorial. Las aventuras de Tintín, o de los superhéroes americanos tipo Batman, etc., han dado paso a nuevos héroes de producción japonesa. El *Manga*, por ejemplo, es un tebeo japonés que ha inspirado el nuevo cómic mundial, obligando a los ilustradores de cómics y de dibujos animados a transformar su línea de trabajo. El héroe *manga* por excelencia es Akira, una especie de guerrero del antifaz que vive en un Tokio interplanetario. Las viñetas, eminentemente visuales con efectos cinematográficos y abuso de zooms, se inspiran en el cine de acción violento, futurista. Las connotaciones sexuales se hallan por doquier.

Hay *Mangas* para todos los gustos:

— *Shojo manga*: Es para chicas. Romántico y de acción, en él las protagonistas, vestidas de colegiales futuristas, defienden el bien mediante poderes supersónicos.

— *Dragon Ball*: Cómic para niños. Su adaptación a la serie de dibujos animados *La bola del dragón* causó indignación entre los padres de los pequeños televidentes españoles.

— *Ángel*: *Manga* erótico para adultos.

La pasión por el *Manga* ha puesto de moda estudiar japonés, para así poder disfrutar de ellos en versión original.

Coscar/Coscarse: (Argot.) Enterarse de algo.

Cover: (Argot.) Palabra derivada del inglés que se refiere a la versión o adaptación de una canción de moda.

Deportes: Para poder *fardar* deportivamente es preciso que el deporte en cuestión tenga nombre inglés, además de una elevada carga de riesgo. Entre los de mayor éxito en la última década cabe destacar:

— *Hidrospeed*: (*hidro*, «agua»; *speed*, «velocidad»). Descenso de ríos de aguas cuanto más bravas mejor. Para hacer *hidrospeed* se utiliza una especie de trineo y traje de neopreno.

— *Minimotociclismo*: Como su nombre indica, consiste en llevar una moto bajo el brazo y pilotarla en circuitos de Karts.

— *Puenting*: Consiste en tirarse desde un puente al vacío. Los que lo practican se enrollan en los pies un cable de gran resistencia y de gran longitud cuyo extremo opuesto se sujeta en el puente. Es el deporte preferido de quienes buscan las sensaciones más fuertes a menor precio. Es un deporte peligroso y la falta de preparación necesaria puede ocasionar la muerte.

— *Quads*: Deporte en el que se utiliza una moto de cuatro grandes ruedas. Una especie de híbrido entre el coche y la moto con el que se hacen todo tipo de acrobacias.

— *Rafting*: Bajada de ríos bravos en un bote de goma.

— *Snowboard*: El delirio de algunos y el suplicio de los esquiadores tradicionales. Consiste en bajar por las pistas de esquí con una tabla inspirada en el monopatín. El objetivo es hacer saltos, figurines, inclinaciones hasta tocar la nieve con una mano mientras la tabla sigue deslizándose. El peligro para los esquiadores de siempre es que los *snowborders* no suelen controlar bien la velocidad ni el modo de frenar, motivo por el que en algunas estaciones de esquí se están implantando pistas de uso exclusivo para *snowboards*.

— *Speedskating*: Patinaje de velocidad. Los patines son unas botas parecidas a las que se usan para esquiar pero con cuatro ruedas (a veces con cinco) colocadas en fila. Se practica en circuitos y se puede llegar a alcanzar una velocidad de 70 km por hora.

Desenfundar: (Argot.) Echar fuera. Sacar.

DJ: *Disckjokeys* o pinchadiscos. Se habla de *Música de DJ*. Su popularidad es tan grande que en muchos casos supera la de los cantantes o grupos, e incluso les sustituyen. Mueven masas de adeptos que les siguen allá donde vayan. Su mérito radica en ofrecer una sesión original de mezclas en una discoteca. Pueden llegar a hacer una sola canción con fragmentos de cientos de ellas. Organizan festivales de música sin cantantes ni grupos, sólo se necesita una mesa de mezclas. Para ello lo único que tienen que hacer es viajar con los discos bajo el brazo, unos auriculares, un destornillador para acelerar o retener la velocidad del plato (lo que consiguen manipulando un control que éste tiene en su interior) y mover el botón que desplaza los sonidos a la derecha o a la izquierda.

La relación entre ellos y el público es muy directa. El público italiano no es igual al danés, ni éste al español, por lo que antes de comprometerse a un trabajo suelen hacer seria investigación de cómo es el público que acudirá a su actuación, qué le gusta y qué no, etc.

Alardean de no drogarse y de no beber. Su trabajo es de precisión y estar *colocao* dificulta el rendimiento perfecto. Una mesa de mezclas y la concentración que precisa un DJ le hace incompatible con el consumo de drogas o alcohol. Dicen quienes conocen a Jeff Mills (uno de los más aclamados en el mundo) que en lugar de un DJ de música techno parece un profesor de filosofía. Otro DJ de prestigio internacional es Dr. Motte, creador del Love Parade (véase más adelante). Sus honorarios giran en torno a las 150.000 pesetas por noche.

Empalmao (Estar/haberse empalmao): (Argot.) Inmerso, emocionado. Se aplica a un disco, a una pareja, etc.

Escritores: Los favoritos entre los adolescentes son los que abordan temas medievales, de ciencia ficción, terror y aventuras urbanas o de *road runners*.

— *Medievales*: Tolkien y su obra *El señor de los anillos* son el estandarte de los amantes de los juegos de rol. También el escritor Drizzt Do'Urden y su saga *Elfo oscuro* causan estragos entre los adolescentes amantes del mundo mágico medieval.

— *Ciencia ficción*: Isaac Asimov fue y sigue siendo el ídolo. Entre las obras más seguidas cabe destacar: *Trilogía de las fundaciones* y la serie sobre los robots.

— *Terror*: Stephen King está a la cabeza. Su obra emblemática es *IT*.

— *Aventuras urbanas* y de *road runner*: El más importante representante de este género es el español Ray Loriga, y su obra *Lo peor de todo* y *Caídos del cielo*. Su *look* rockero y su pelo teñido de rubio pollo le han otorgado el título de autor de moda entre los adolescentes españoles. Le acompañan José Ángel Mañas y Juan Manuel Prada.

Estar fashion: (Argot.) Estar en la onda, estar en la corriente de moda.

Explicadera: (Argot.) Colegio.

Extremoduro: Grupo de *rock* urbano de escasa acogida entre los medios de comunicación, pero de gran impacto entre los adolescentes. Fueron capaces de llenar hasta los topes el pabellón del Real Madrid y de vender más de 50.000 copias de su disco *Pedrá*, compuesto por una sola canción de 20 minutos.

Fanzines: Revistas juveniles realizadas con escasez de medios (algunas consisten en fotocopias grapadas), lo que hace de ellas un producto algo cutre, si bien existen fanzines de lujo como, por ejemplo, *Neko* o *Kabuki,* de estilo parecido al *Man-*

ga. Hay fanzines musicales, especializados en cine, en temas *gore* (véase más adelante), etc.

Festivales de verano: Las concentraciones masivas internacionales para oír música florecen de nuevo tras la agonía que sufrieron en la década de los años ochenta. El país pionero fue Inglaterra y desde allí se extienden como la pólvora por el resto de Europa. Su oferta es de lo más atractiva: por un precio módico el participante pasa tres días en un camping y además presencia la actuación de una congregación de músicos y grupos. Se trata de vivir durante setenta y dos horas como un auténtico *rocker*. Los festivales más cotizados en Europa son:

— Glastonbury: en Inglaterra durante el mes de junio.
— Phoenix: en Stratford, Inglaterra, en julio.
— Reading: en Inglaterra, en agosto.
— Feile: en Dublín (Irlanda), en agosto.
— Eurorockeennes: en Belfort (Francia), en julio.
— Rock Torhout/Werchter: en Bélgica, en julio.
— Roskilde: en Dinamarca, a finales de junio.
— Hultsfred: en Suecia, en agosto.
— Benicassim: en España, en agosto.
— Rock over Germany: en Essen (Alemania), en junio.
— Beach Bum Rock: Jesolo (Italia), en julio.

Filili: (Argot.) Amigo, camarada.

Gore: Esta palabra se aplica fundamentalmente al cine o la literatura: película gore o libro gore, cuando el tema base es la violencia gratuita. Profusión de vísceras, brutalidad y guarrerías.

Groopie: (Argot.) Fanático seguidor de un ídolo musical.

Hacker: El mayor de los entrometidos, el espía más ilegal de la red Internet. El *hacker* meneja los ordenadores con tanta habilidad como un malabarista. Conoce cada rincón de la red Internet, en la que, por supuesto, entra ilegalmente, pues una de sus conquistas más preciadas es la de acceder a información secreta. El mayor logro hasta la fecha conocido de un grupo de *hackers* americanos fue el de entrometerse en los archivos de la CIA.

Hardcore: Sonido musical desgarrado, duro y voraz que tiene sus raíces en el estilo *punk*. El grupo Hardcore de más éxito es Smash.

Heavies: (Véase *Tribus urbanas*.) También en el argot, algo *Heavy* es algo que proporciona sensaciones fuertes.

Heavy metal: Estilo musical caracterizado por rugidos fantasmagóricos acompañados de guitarras desgarradas. Caracterizado por mucho ruido estridente, temas satánicos o bestiales. Del Heavy Metal parten otros sonidos como son el *death metal, trash metal* o el *hardcore metal*, de ritmo más rápido.

Hip-Hop: Ritmo musical derivado del *rap*, pero más lento. La canción *Don't Worry, Be Happy* es un buen ejemplo del estilo *hip-hop*. (Véase *Rap*.)

House: Ritmo electrónico discotequero que se asocia a las drogas de diseño. La música *house* parte del *soul*, de la música tribal y del *beat* e inspira el ritmo más cutre y puramente español: el bakalao.

Indie: Estilo musical con mezcla de *pop* y *rock*. Consiste fundamentalmente en hacer un cóctel de melodía y distorsión: voces que cantan en inglés acompañadas de guitarras desgarradas que meten mucho ruido.

Juegos de cartas: Nada tienen que ver con los naipes tradicionales. Las cartas forman parte de una aventura medieval o mágica. Cada carta es un personaje o representa un hechizo. Las reglas del juego suelen ser complicadas y están inspiradas en el mundo que recrean autores como Tolkien en sus obras. La meta consiste en conseguir anular los hechizos de los jugadores contrarios o en obtener determinados objetos que proporcionan algún tipo de poder. Los jugadores deben ganar cartas a los contrincantes o intercambiarlas con ellos. La obtención de una carta lleva a la compra de otras para completar un mazo. Los juegos de cartas más vendidos son *Magic* y *El señor de los anillos*.

Juegos de realidad virtual: (Véase *Realidad virtual*.)

Juegos de rol: Obras de teatro improvisadas y de duración ilimitada. El escenario base se describe en un libro de reglas, y éste, a su vez, se inspira en el ambiente creado por obras literarias de aventuras medievales, de agentes secretos, de ciencia ficción, etc. Cada jugador interpreta a un personaje sin guión predeterminado. La función del director del juego es establecer las líneas fundamentales, hacer que se cumplan las reglas del libro base, así como describir el escenario y acciones de aquellos personajes que no interpretan los jugadores. Cuando surgen momentos conflictivos (ocurre a menudo), se utilizan unos dados especiales. Cada juego necesita dados particulares que se compran aparte del libro de reglas. Estos dados pueden llegar a tener hasta cien caras. En los juegos de rol se puntúan los diálogos, la improvisación controlada por un escenario y las habilidades de cada jugador para alcanzar objetivos.

Entre los juegos de rol de mayor éxito en España cabe destacar *El señor de los anillos*, *Dragones y mazmorras*, *James Bond* y *La guerra de las galaxias*.

Lacorro: (Argot.). Hijo.

Lilón: (Argot.) Idiota, lerdo.

Love Parade (LP): Es la mayor discoteca al aire libre del mundo. El DJ (véase) Dr. Motte fue su creador. La cita es en Berlín el primer fin de semana de julio. A partir de las cuatro de la tarde del sábado, 150.000 fans de la música *techno* (cifra del Love Parade de 1994) bailan hasta el lunes por la mañana al ritmo de apoteósicos sonidos bajos de sintetizador. Cada año, los jóvenes que llegan de todas partes del mundo, participan por una causa que se convierte en el lema de la concentración. En 1991 fue *The future is ours* («El futuro es nuestro»); en 1992 la cosa giró en torno al eslogan *My house is your house* («Mi casa es la tuya»), y en 1994 se bailó por *Peace on earth* («Paz en la tierra»). El atuendo necesario para ellas consiste en pestañas postizas, minifalda superarchimini y zapatillas de deporte o botas de suela ancha; horquillas en el pelo tipo niña pequeña, o unas coletitas. Ellos ostentan barba a lo chivo, una camiseta que deje ver el ombligo y pantalón y botas militares, y el más auténtico puede incluso incorporar una pistola de mentira.

Los ciudadanos berlineses ajenos al LP protestan ante la inmensa montaña de basura con la que encuentran el lunes después del jolgorio. (Véase también *Festivales de verano.*)

Loriga, Ray: (Véase *Escritores.*)

Machaca: (Argot.) El empollón de la clase, también el que es fuerte, musculoso, el que practica culturismo.

Magdalena: (Argot.) Porción de droga de diseño.

Makoki: (Argot.) Chulo, presuntuoso.

Manic Panic: Así se llama la pasión por teñirse el pelo de colores estridentes: violeta, naranja chillón, fucsia, turquesa, blanco, amarillo pollo, etc. Hay quien se tiñe la cabeza entera; otros sólo se aplica el tinte en algunos mechones y también los hay que se ponen el pelo de distintos colores.

Mix: Mezcla de canciones famosas *pop* o *rock* hecha con sintetizador. Se incorporan ritmos específicos para su adaptación al baile en discotecas.

Nakel: (Argot.) *Pegarle al nakel* es hablar como una cotorra.

Neking: Besar, morder, lamer el cuello de otro.

New Age: Ritmo musical, generalmente electrónico, con inspiraciones tribales o arcaicas y apto para la relajación. Es utilizado para dejarse llevar a un mundo medieval o mágico. Los compositores *new age* de mayor éxito son Enya y El Bosco.

New Wave: Movimiento que se burla sutilmente de la sociedad establecida y está ligado a la música *rock/pop* y al consumo de drogas de diseño. La cantante Alaska fue la musa de la *new wave* en España.

Noise: Ritmo musical estandarte de la tribu *grunge*. Tiene algo de *rock* y de punk. El grupo Nirvana constituyó el eje del sonido *noise* y fueron los apóstoles de los *grunges* hasta que su líder, Kurt Cobain, decidió convertirse en héroe definitivo al quitarse la vida a los 27 años, abrumado por el éxito que no podía digerir. En España el grupo más *noise* es Héroes del Silencio.

Novicia: (Argot.) Homosexual masculino adolescente.

Oasis: Grupo musical inglés líder de la adolescencia mundial. Se autodenominan *discípulos de los Beatles, aunque mejores todavía*. Sus líderes, los hermanos Liam y Noel Gallagher, escandalizan con su complejo agudo de superioridad, su pavoneo, su arrogancia. Proclaman a los cuatro vientos que Oasis es cabecilla de la revolución *pop* de los noventa. A esta afirmación constante se une la manera despectiva con la que tratan al resto de sus coetáneos, con especial insistencia en sus rivales: el grupo Blur.

Panipén: (Argot.) Error, equivocación.

Pastis: (Argot.) Drogas de diseño en forma de pastilla. También se llaman *magdalenas* o *bizcochos*.

Pearl Jam: Grupo musical que ha sustituido a Nirvana y se ha convertido en la bandera de la tribu *grunge*. Su cantante Chris Cornell demuestra en cada actuación ser propietario de una de las voces más fuertes y desgarradas de la actualidad musical mundial.

Petting: Caricias, besos, abrazos, contactos intergenitales que producen excitación sexual. Suelen practicarlo quienes no realizan el acto sexual pleno, en especial a partir de la adolescencia tardía.

Piarla: (Argot.) Quejarse.

Piercing: (Véase *Body Piercing.*)

Popelín: (Argot.) Fantástico, extraordinario.

Rajar: (Argot.) Hablar.

Rap: Estilo musical que tuvo su origen en las calles del Bronx de Nueva York, cuando el grupo de emigrantes jamaicano sacaba a la calle soberbios aparatos de música al ritmo de la cual bailaban como si quisieran descoyuntarse brazos y piernas. El *rap* se caracteriza porque no se canta, sino que las palabras se recitan con ritmo al son de una música de fondo. En el *rap* se emiten mensajes generalmente relacionados con acontecimientos de la vida cotidiana en la calle.

Rave: Estilo musical que deriva del *techno* y del *house*, asociado a las drogas de diseño.

Realidad virtual: Las siglas inglesas LBE, Diversión Basada en la Ubicación, describen unas máquinas de alta tecnología que imitan la realidad con la mayor exactitud posible y excitan los sentidos del jugador ofreciéndole las emociones que proporciona un escenario real. Gracias a las máquinas de realidad virtual el jugador puede volar en ala delta, luchar en una batalla espacial, conducir un Fórmula 1 o pilotar un avión de combate. Todo ello desde un cómodo asiento ubicado en un centro recreativo. Sólo se necesita un casco que aísla la vista y el oído, un guante con terminaciones eléctricas de muy baja potencia que excitan el nervio del dedo como respuesta táctil cuando toca algo, un cinturón y un *joystick,* más una red de sensores y pantallas de cristal líquido. Con este material el jugador se introduce en un paisaje inexistente en el que es posible actuar en tiempo real.

El *Magic Edge* es el juego de realidad virtual más conseguido. Se trata de un juego bélico en el que se incluyen uniformes, explicaciones logísticas, y seguimiento de una batalla aérea. En él el jugador participa como jefe de operaciones desde una ficticia torre de control.

Las máquinas de realidad virtual son en la actualidad las estrellas más cotizadas en algunos parques de atracciones en Estados Unidos, Australia y Japón. En España ya existen centros recreativos con un simulador de vuelo de un caza, aunque estas máquinas todavía no cuentan con la tecnología LBE.

RPG: Siglas de Rol Playing Game. Vídeo-juego de juegos de rol. Es la última versión sofisticada del material tradicional de estos juegos. (Véase *Juegos de rol.*)

Sobre: (Argot.) Cama.

Stud: Marca de joyas especiales para practicar el *Body Piercing*.

Tatuajes: La moda de inyectarse un dibujo bajo la epidermis ya no es exclusiva de los marineros. Ahora los adolescentes, ellos y ellas, se tatúan y hacen alarde de ello. En algunos países como Dinamarca el furor de tatuarse es tal que, a falta de sitio libre para seguir incluyendo dibujos, o en un momento de delirio nocturno, los adolescentes se tatúan la cara... y luego suelen arrepentirse. Por eso, la Seguridad Social danesa cubre una operación con láser para quitar la huella del desafortunado impulso. Para acceder a esta operación hay que alegar que el dibujo en cuestión produce daños psicológicos en quien lo lleva puesto, daños en los que, naturalmente, no se había pensado antes de someterse a la sesión de tatuaje.

Las chicas prefieren los dibujos pequeños en los tobillos, la cintura, el pecho o las nalgas. Los chicos suelen tatuarse los brazos, el pecho, las pantorrillas y la espalda. Los más valientes llegan a tatuarse el cuerpo entero. El precio de un tatuaje varía enormemente (de 10.000 a 250.000 pesetas), según lo complicado que sea el dibujo, la superficie de piel que ocupa, la fama del artista, y la parte del cuerpo que uno decide tatuar (las zonas sensibles, como genitales o lengua, cuestan más).

El que decida tatuarse deberá tomar una serie de precauciones. Pedro Duque, autor del libro *El cuerpo decorado,* recomienda lo siguiente:

1. Tener claro el lugar del cuerpo que se quiere tatuar. Siempre es preferible empezar eligiendo un sitio poco comprometido, porque es frecuente arrepentirse al cabo de unos años.

2. Elegir un tatuador profesional. Algunos tienen fama internacional, como, por ejemplo, Hanky Panky, que actúa en Amsterdam, o Tintín, en París. En España conviene informarse en la Asociación de Tatuadores Españoles, calle de San Vicente Ferrer, 20, 28004 Madrid. Teléfono: 91-5944956. También se puede pedir información a los que ya se han tatuado.

3. Acudir al tatuador uno o dos días antes para observar la higiene del lugar en el que trabaja, hacerle todo tipo de preguntas acerca de la técnica que emplea (hay muchas) y sobre todo para elegir a conciencia un dibujo en los libros (reciben el nombre de *flags*) que tienen los tatuadores. Los *flags* muestran todas las obras maestras que el artista tatuador es capaz de realizar. Hay *flags* de unas cuantas páginas y otros tan voluminosos como una guía telefónica. Algunas veces los tatuadores se prestan a dibujar un diseño exclusivo que aporta el cliente.

4. Controlar que el tatuador utilice material desechable esterilizado y guantes.

5. Tener en cuenta que el tatuaje duele. En Europa se suele trabajar con una máquina que inyecta tinta con una aguja. La aguja penetra en la piel a gran velocidad, como si se tratase de una máquina de coser. Se forma una herida que se inflama y la zona queda dolorida.

6. Seguir el tratamiento adecuado durante un mes aproximadamente: antiinflamatorios, no ponerse al sol, desinfectar la herida, etc.

Techno: Estilo musical que se caracteriza por sonidos repetitivos ambientales, sin letra, en el que el ritmo y la mezcla hecha con sintetizadores pretenden ofrecer una ocasión para evadirse mediante el baile asociado al consumo de drogas de diseño. La música *techno* ha dado lugar a una serie complicada de variantes rítmicas: *techno-house, techno-underground, happy-hardcore,* etc.

Tolkien: Es uno de los autores de mayor éxito entre los adolescentes. Ha puesto de moda los temas medievales y mágicos. Su trilogía *El Señor de los anillos* y su obra *El hobbit* inspiraron los juegos de rol y de cartas más solicitados en el sector joven de la población mundial. (Véase *Escritores*, *Juegos de rol* y *Juegos de cartas*.)

Trading Cards: Cromos de series de televisión. *Expediente X* o *Star Treck* están entre las favoritas. La venta de *trading cards* suele acompañarse de camisetas, pegatinas, vídeos y todo tipo de accesorios relacionados con la serie.

Trip-Hop: Estilo musical basado en el *hip-hop* más música *techno*.

Tubo: (Argot.) Teléfono. *Tocar el tubo* es llamar/hablar por teléfono.

Yogurtero: (Argot.) Tipo atlético, cliente asiduo de gimnasio que presume de consumir sólo productos naturales, sin conservantes ni colorantes. También se dice *yogurín*.

BIBLIOGRAFÍA

ABERASTURY, A., y KNODEL, M., *La adolescencia normal. Un enfoque psicoanalítico*, Paidós, Barcelona, 1970.

ABRAHAM, S., y LLEWELLYN-JONES, D., *Anorexia y bulimia. Desórdenes alimentarios*, Alianza Editorial, Madrid, 1994.

AGUIRRE BAZTÁN, A., *Psicología de la adolescencia*, Boixareu Universitaria, Barcelona, 1994.

INFAD, «La anorexia mental en el marco de la adolescencia femenina», *Revista de Psicología de la Infancia y la Adolescencia*, núm. 1, págs. 17-23.

AJURIAGUERRA, J., *Manual de psiquiatría infantil*, Masson, Barcelona, 1991.

ÁLVAREZ, L., *Diagnosis sobre el amor y el sexo. Una indagación entre la juventud universitaria*, Plaza y Janés, Barcelona, 1977.

BAUMAN, L., y RICHE, R., *The Nine most Troublome Teenage Problems and How to Solve them*, Ballantime Books, Nueva York, 1986. (Traducción en español: *Cómo resolver los nueve problemas que más perturban a los adolescentes*, Horizonte, Barcelona, 1991.)

BAYARD, R. T., y BAYARD, J., *¡Socorro! Tengo un hijo adolescente*, Temas de Hoy, Madrid, 1991.

BLOSSON TURK, M., *Vivir con adolescentes*, Iberonet, Madrid, 1995.

BOSKIND, M., y WHITE, W., *Bulimarexia. The Binge/Purge cycle*, W. W. Norton & Company Professional Books, Nueva York, 1991.

BOURQUE, D., *Á 10 kilos du bonheur. L'obsession de la minceur. Ses causes, ses effets. Comment s'en sortir*, Les Éditions de l'Homme, Ivry, 1991.

CALDERONE, M., y RAMEY, J., *Talking with your Child about Sex*, Ramdom House, Nueva York, 1982. (Traducción en español: *Cómo hablar con tus hijos sobre el sexo*, Juan Granica Ediciones, Barcelona, 1987.)

COLEMAN, J. C., *Psicología de la adolescencia*, Morata, Madrid, 1985.

COMAS, A., *Jóvenes y el uso de drogas en la España de los años 90*, Instituto de la Juventud, Madrid, 1994.

COMPAS, B., PETERSEN, A., y BROOKS-GUNN, J., *Depression in Adolescence. Implications of Current Researche for Programs and Policy*, Carnegie Council on Adolescent Development, Washington, 1991.

«Comportamiento y actitudes de los jóvenes en relación con el consumo de drogas», *Jano*, 1995, págs. 12-13.

CZIKSZENTMIHAYI, M., y LARSON, R., *Being Adolescent: Conflict and Grouth in the Teenage Years*, Basic Books, Nueva York, 1984.

DAVIDSON, R., y otros, *Contribution à l'étude du suicide des adolescents*, Hygiène Mentale, París, 1972.

DAVIS, M., *La sexualidad en la adolescencia*, Paidós, Buenos Aires, 1971.

DEVRIES, R., y PALLONE, A., *Adolescencia. Desafío para padres*, Paidós, Buenos Aires, 1995.

DINKMEYER, D., y MACKAY, G., *Parenting Teenagers*, American Guidance Service, Minnesota, 1990.

ELLICKSON, P. L.; HAYS, R. D., y BELL, R. M., «Stepping Through the Drug Use Sequence: Longitudinal Scalagram Analysis of Initiation and Regular Use», *Journal of Abnormal Psychology*, núm. 101, págs. 441-451.

ERIKSON, E. H., *Identidad: juventud y crisis*, Taurus, Madrid, 1989.

GALE, J., *La sexualidad del adolescente. Guía para padres*, Temas de Hoy, Madrid, 1989.

GARCÍA CAMPOS, L.; CHAZARRA MONTIL, A., y FERNÁNDEZ, E., «Drogas sintéticas y nuevos patrones de consumo. Documento de información y reflexión», *Cuadernos de Información*, Madrid, 1995.

GARDNER, J., *The Turbulent Teens: Understanding, Helping, Surviving*, Rolling Hill, Los Ángeles, 1993.

GESELL, A., *Youth: The Years from Ten to Sixteen*, Academy Press, Nueva York, 1956.

GONZÁLEZ-GONZÁLEZ, E., *Bandas*

juveniles, Herder, Barcelona, 1982.

GORDON, S., *The Teenage Survival Book*, Random House, Nueva York, 1981.

GREENE, L. J., *1001 Maneras de mejorar los problemas escolares de su hijo*, Cúpula, Barcelona, 1995.

Guía para padres preocupados por las drogas, Consejería de Trabajo y Asuntos Sociales, Junta de Andalucía, Sevilla, 1995.

HARTER, S., *At the Treshold: The Developping Adolescent*, Harvard University Press, Cambridge, 1990.

HOPKINS, J., *Adolescencia, años de transición*, Paidós, Buenos Aires, 1987.

HUEBNER, H., *Endorphins, Eating Disorders and other Behaviors*, W. W. Norton & Company, Nueva York, 1993.

IZQUIERDO, C., *Delincuencia juvenil en la sociedad de consumo*, Mensajero, Bilbao, 1980.

JUHASZ, A. M.; KAUFMAN, B., y MEYER, H., «Adolescent Attitudes and Beliefs about Sex Behaviour», *Child and Adolescent Social Work*, núm. 3, Nueva York, 1986.

JULIÁ, I., *Grunge, Noise y rock alternativo*, Celeste, Madrid, 1995.

KIRCH, M., *Designer Drugs*, Compare, Minneapolis, 1986.

LACOSTE MARÍN, J., «Drogas del 92. Regreso al futuro», *Adicciones*, núm. 3, 1991.

MACÍA ANTÓN, D., *Un adolescente en mi vida*, Pirámide, Madrid, 1994.

MADANES, C., *Sex, Love and Violence*, W. W. Norton, Londres, 1990.

MCDOUGALL, J., *The many Faces of Eros. A Psychoanalitic Exploration of Human Sexuality*, W. W. Norton, Nueva York, 1996.

MCKOY, K., *Crisis Proof your Teenager. How to Recognize, Prevent and Deal with Risky Adolescent Behavior*, Batman, Nueva York, 1991.

MORALEDA, M., y AGUIRRE, A., *Psicología de la adolescencia*, Boixareu Universitaria, Barcelona, 1994.

NELSON, J., y LOTT, L., *I'm on your Side. Resolving Conflict with your Teenage Son or Daughter*, Rocklin, Los Ángeles, 1991.

NEWTON, M., *Adolescence: Guiding Youth through the Perilous Ordeal*, W. W. Norton, Nueva York, 1995.

OFFER, D.; OSTROV, E., y HOWARD, K., *The Adolescent: A*

Psychological Self-Portrait, Basic Books, Nueva York, 1981.

OLSHAKER, B., *¿Cómo se lo decimos a los niños?*, Medici, Barcelona, 1991.

POLLY, J., *Preventing Teenage Suicide: The Alternative Living Book*, Human Sciences Press, Nueva York, 1986.

RAICH, ROSA Mª, *Anorexia y bulimia. Trastornos alimentarios*, Pirámide, Madrid, 1994.

RAMONCÍN, *El nuevo tocho cheli*, Temas de Hoy, Madrid, 1996.

RECIO ADRADOS, J. L., y otros, *El papel de la familia, los compañeros y la escuela en el abuso adolescente de drogas*, Cruz Roja Española, Madrid, 1992.

ROCHEBLAVE-SPENLE, A., *El adolescente y su mundo*, Herder, Barcelona, 1984.

SALDAÑA GARCÍA, C., *Trastornos del comportamiento alimentario*, Fundación Universidad-Empresa, Madrid, 1994.

SAMM COOMBS, H., *Teenage Survival Manual*, Halo Books, San Francisco, 1995.

STEINBERG, L., y LEVINE, A., *You and Your Adolescent. A Parent's Guide for Ages 10-20*, Harper Collins, Nueva York, 1987.

STRAUSS, M. B., *Violence in the Lives of Adolescents*, W. W. Norton, Nueva York, 1994.

URRA PORTILLO, J., «Infancia y droga: el vacío de la razón», Asociación Iberoamericana de Psicología Jurídica, vol. 2, 1993.

VALLEJO-NÁGERA, J. A., *Introducción a la psiquiatría*, Editorial Científico Médica, Madrid, 1985.

—, *Conócete a ti mismo*, Temas de Hoy, Madrid, 1991.

—, *Guía práctica de la psicología*, Temas de Hoy, Madrid, 1991.

—, *Ante la depresión*, Planeta, Barcelona, 1992.

—, «El suicidio infantil ante los exámenes», *Mi mundo*, Temas de Hoy, Madrid, 1995, págs. 73-75.

WEXLER, D. B., *The Adolescent Self. Strategies for Self-Soothing and Self-Esteem in Adolescents*, W. W. Norton, Nueva York, 1991.

WOLF, A. E., *Get out of my Life*, Noonday Press, Nueva York, 1991.